A Classified Handlist of Arabic Manuscripts acquired since 1912

VOLUME I

ISLAMIC LAW

THE BRITISH LIBRARY
ORIENTAL AND INDIA OFFICE COLLECTIONS

A Classified Handlist of Arabic Manuscripts acquired since 1912

VOLUME I
ISLAMIC LAW

Edited by
R. VASSIE

THE BRITISH LIBRARY
1995

First Published 1995
by The British Library
Great Russell Street
London WC1B 3DG

ISBN 0 7123 0331 6

Printed in England on long-life paper ∞
by Redwood Books
Trowbridge

CONTENTS

Preface
Introduction

Islamic Law

The principles of law

Hanafi	3	Hanbali	8
Maliki	5	Shiite	8
Shafi'i	6		

The branches of law

Hanafi	9	Unspecified Sunni	30
Maliki	22	Shiite	30
Shafi'i	24	Zaidi	35
Hanbali	29		

Controversy

Sunni	35	Shiite	37

The law of inheritance

Hanafi	38	Hanbali	43
Maliki	40	Shiite	43
Shafi'i	41		

Fetwas

Hanafi	44	Shafi'i	48
Maliki	48	Shiite	48

Miscellaneous shorter works

Hanafi	49	Hanbali	71
Maliki	65	Unspecified Sunni	71
Shafi'i	66		

Indexes

Author index (Arabic script) 75
Title index (Arabic script) 92
Author index (romanised) 101
Title index (romanised) 113
Number index 119

PREFACE

The British Library's collection of Arabic manuscripts is justly renowned as one of the finest in the western world, as much in terms of calligraphic and artistic merit as literary and textual interest. It is now some 80 years since the last Arabic manuscripts catalogue was published and it is very pleasing therefore to welcome the appearance of these volumes resuming the process of published documentation.

It should be noted that this volume is only the first in a series which will ultimately encompass literature, history, geography, the sciences, and so on. While not full descriptive catalogues, they provide the basic details of each manuscript and fulfil our primary aim of improving scholarly access to our holdings. It is still our intention to publish fuller descriptions of some aspects of the collection, on manuscripts of the Qur'ān, for instance, which have been excluded from this handlist project.

Finally these volumes are also proof that the judicious acquisition of Arabic manuscripts has continued steadily during this century. Although the Library's later additions may not match past glories such as the Claudius James Rich purchase, nevertheless significant items have been acquired which have further enriched the scope and quality of the collection overall.

G. W. Shaw
Deputy Director
Oriental & India Office Collections
November 1994

INTRODUCTION

This volume incorporates 481 entries on Islamic law. It follows on directly from *A descriptive list of the Arabic manuscripts acquired by the Trustees of the British Museum since 1894*, compiled by A.G. Ellis and Edward Edwards and published in 1912. (N.B. The series does not include details of Arabic manuscripts which entered the India Office Library collection prior to its merging with Oriental Collections in 1991.)

The structure of the present volume is based on that found in Charles Rieu's *Supplement to the Catalogue of Arabic manuscripts in the British Museum*, published in 1894. Classification is initially by broad subject category, subdivided by individual schools of law. Within each of these categories the entries for original works are arranged chronologically according to the author's date of death. This enables the researcher to trace the development of Islamic law as reflected in the manuscripts acquired. Commentaries and glosses are entered chronologically under the original work to which they relate, or in the place the original work would have occupied had a copy been listed. Anonymous works, and works whose author's dates are not known, are inserted in the chronological sequence according to the best available date, whether actual or approximate, usually related to the date of the copy in hand.

The layout of entries follows a simple pattern. Each entry is headed by a running number, assigned for ease of reference within individual fascicules of the handlist. The manuscript number proper, beginning with the prefix "Or.", appears on the left of the second line; it is this number only which should be quoted in making requests or for the purposes of scholarly reference. It is followed on the same line in brackets by the number of folios in the copy. Next is given the title in romanisation and, in Arabic script, the first line of the work where found. Then, after a brief description of the nature and content of the work, comes the date of the copy in hand according to the Hegira calendar, accompanied by its Christian equivalent. Where no definite copyist's date is found, the probable century of the Christian era has been given for guidance. Relevant comments about the physical state of the copy in hand, for example on lacunae or the binding, will also be found.

Three separate indexes are provided at the end of this volume: Author/Title, Title, and Numerical, the first two in both Arabic script and romanisation. (The romanisation scheme used throughout is that of the Library of Congress, which was adopted by the British Library in 1981 for the cataloguing of all Arabic material.) Authors have been entered under the best-known element of their names (*ism al-shuhrah*), established in most cases by reference to the following works in order of preference: Khayr al-Dīn al-Ziriklī's *al-A'lām* (Beirut 1979), 'Umar Riḍā Kaḥḥalah's *Mu'jam al-mu'allifīn* (Damscus, 1957–1961), Ḥajjī Khalīfah's *Kashf al-ẓunūn 'an asāmī al-kutub wa-al-funūn* (Istanbul, 1971–1972), and C. Brockelmann's *Geschichte der arabischen Literatur* (Leiden, 1898–1942). As in previous manuscript catalogues, the Arabic article *al-* has been ignored for filing purposes in both the Author/Title and Title indexes. Where a number in the indexes is preceded by an asterisk, it should be noted that the entry concerned is not a description of a copy of the work mentioned, but merely contains a reference to it.

A handlist of manuscripts acquired over a period spanning the better part of a century could scarcely be the entirely the work of one individual. As editor therefore it is both my duty and my pleasure to acknowledge the debt I owe to my predecessors and former colleagues: Alexander S. Fulton, Martin Lings and Yasin H. Safadi, on whose earlier records and revisions this work is primarily based. I am also grateful to my colleague Muhammad Isa Waley and to my former teacher Norman Calder, specialist in Islamic law at the University of Manchester, both of whom kindly read through earlier drafts of this volume, making invaluable comments and suggestions, as well as the inevitable corrections. Finally may I also record my thanks to David Way of the British Library's Publishing Office for the technical advice and support he offered me, and to Graham Shaw, Deputy Director of the Oriental and India Office Collections, for his encouragement throughout the duration of the project.

Roderic Vassie

Islamic Law

THE PRINCIPLES OF HANAFI LAW

1

Or.13012 (445f.)
al-Kāfī sharḥ Uṣūl al-Bazdawī

Begins: الحمد لله بارئ البرايا

A commentary by Ḥusayn ibn 'Alī al-Sighnāqī (d.711/1311) on a treatise on the principles of Hanafi law styled *Kanz al-wuṣūl* by its author, 'Alī ibn Muḥammad al-Bazdawī (d.482/1089).

Apparently an autograph copy, dated 704/1304.

2

Or.13018 (45f.)
Uṣūl al-fiqh

Begins: الحمد لله الذي وعد الجنة للمطيعين بكرمه ومنته

A treatise on the principles of Hanafi law by Ṣadr al-Dīn Maḥmūd ibn Zayd al-Lāmishī al-Ḥanafī.

Copied in 534/1139.

3

Or.12011 B (f.40v-46v)
al-Tarājīḥ

Begins: الحمد لله رب العالمين والعاقبة للمتقين...

وبعد فإن الترجيح بعد التعارض والفارض من الدليلين...

An anonymous tract in fifteen sections (*faṣl*) on the principle of preference or preponderance (*tarjīḥ*), probably Hanafi.

Copied in 686/1287.

4

Or.12249 (165f.)
Sharḥ al-Mughnī

The latter part of a commentary by Manṣūr ibn Aḥmad, called Ibn al-Qā'ānī (d.775/1373), on al-Mughnī by 'Umar ibn Muḥammad al-Khabbāzī (d.691/1292), from *Bāb al-amr* to *Bāb ḥurūf al-ma'ānī*.

Copied in 825/1421, with the original tooled covers pasted on to new boards.

5

Or.8330 (137f.)
Badī' al-niẓām

Begins: الخير دابك اللهمّ يا واجب الوجود والفيض سعادك يا واسع الرحمة والجود

A treatise on the principles of Hanafi law by Aḥmad ibn 'Alī, called Ibn al-Sā'ātī (d.694/1295).

Copied in the 15th cent.

6

Or.9564/1 (f.3r-57r)
Manār al-anwār

Begins: الحمد لله الذي هدانا الى الصراط المستقيم

A treatise by 'Abd Allāh ibn Aḥmad al-Nasafī (d.710/1310). Copied with seven widely spaced lines to the page to allow room for the copious interlinear and marginal notes. Followed on f.57v-70v by several extracts on law and some hadiths.

Dated 976/1569.

7

Or.7886 (304f.)
Sharḥ Manār al-anwār fī uṣūl al-fiqh

Begins: الحمد لله الذي هدانا الى الطريق المستقيم

A commentary on the above by 'Abd al-Laṭīf ibn 'Abd al-'Azīz, called Ibn Malak (d.801/1398). Followed on f.295-304 by miscellaneous extracts.

Copied in 1055/1646.

8

Or.10949/6 (f.117v-161r)
Sharḥ Manār al-anwār fī uṣūl al-fiqh
Another copy dated 1066/1656.

9

Or.7772 (43f.)
Fayḍ al-ghaffār sharḥ mā intakhaba min al-Manār

Begins: نحمدك اللهم على ما وفقتنا اليه من فهم الفروع والاصول

A commentary by Muḥammad ibn ʻAbd Allāh, called al-Khaṭīb al-Timurtāshī (d.1004/1595), on the abridgment by Ibn Ḥabīb (d.808/1406) of his own compendium of the principles of Hanafi law, entitled *al-Muqtabas al-mukhtār min nūr al-Manār*.

Copied from the autograph in 995/1587.

10

Or.13048 (204f.)
al-Tawḍīḥ fī ḥall ghawāmiḍ al-Tanqīḥ

Begins: حامدا لله تعالى اولا وثانيا

A commentary by ʻUbayd Allāh ibn Masʻūd, called Ṣadr al-Sharīʻah al-Aṣghar (d.747/1346), on his own treatise on the principles of Hanafi law, *Tanqīḥ al-uṣūl*. With copious marginal notes.

Copied in 793/1391.

11

Or.12789 (214f.)
al-Tawḍīḥ fī ḥall ghawāmiḍ al-Tanqīḥ
Another copy with an illuminated ʻunwān, dated 1106/1695.

12

Or.13391 (132f.)
al-Tawḍīḥ fī ḥall ghawāmiḍ al-Tanqīḥ
Another copy dated 1211/1796.

13

Or.12213 (245f.)
al-Talwīḥ fī kashf ḥaqā'iq al-Tanqīḥ

Begins: الحمد لله الذي احكم بكتابه اصول الشريعة الغراء

A supercommentary by Masʻūd ibn ʻUmar, called al-Saʻd al-Taftāzānī (d.792/1390), on Ṣadr al-Sharīʻah al-Aṣghar's *al-Tawḍīḥ*.

Copied in 872/1467, with an illuminated *ʻunwān* and some folios tinted red.

14

Or.8954 (407f.)
al-Talwīḥ fī kashf ḥaqā'iq al-Tanqīḥ
Another copy in a 17th cent. hand.

15

Or.13047 (208f.)
al-Talwīḥ fī kashf ḥaqā'iq al-Tanqīḥ

Begins: اصول الفقه اي هذا اصول الفقه

Another copy transcribed in the 17th or 18th cent. with an illuminated *ʻunwān*, though wanting the introduction, and accompanied by marginal notes which are possibly by the scribe himself.

16

Or.12406 (246f.)
Taghyīr al-Tanqīḥ

A commentary by Aḥmad ibn Sulaymān, called Ibn Kamāl Bāshā (d.940/1533), on the above-mentioned work by Ṣadr al-Sharīʻah al-Aṣghar. The colophon says that the work was composed, and the draft written, in 931/1525, a mere 14 years before the date of this copy. Wanting the introduction.

Copied in 945/1538.

17

Or.12770 (192f.)
Taghyīr al-Tanqīḥ

Begins: الحمد لله الذي هدانا بإفاضة انوار التوفيق

Another copy with marginal comments in various hands, dated 966/1559.

18

Or.12777/12 (f.83r-88v)
Risālah fī tarjīḥ al-fiqh 'alá madhhab al-imām al-a'ẓam Abī Ḥanīfah

Begins: الحمد لله الذي هداني الى اتباع الملة الحنيفة

A tract by Akmal al-Dīn Muḥammad ibn Muḥammad al-Bābartī (d.786/1384) on the giving of preference or preponderance (*tarjīḥ*) to one of two or more apparently conflicting views or rulings, a principle of law held in common by Hanafis and other schools which accept *ijtihād*. The author's *nisbah* appears incorrectly in this ms. as al-Bātilī.

Copied in the 18th cent.

19

Or.9768/9 (f.106-121)
Khulāṣat al-taḥqīq fī ḥukm al-taqlīd wa-al-talfīq fī madhhab al-Ḥanafīyah

Begins: الحمد لله ولي التوفيق والشكر له على الهداية إلى حقيقة التحقيق

A tract by 'Abd al-Ghanī ibn Ismā'īl al-Nābulusī (d.1143/1731) on the concepts of imitation (*taqlīd*) and invention or concoction (*talfīq*) in relation to the principles of Hanafi law.

Copied in 1277/1860.

20

Or.9564/3 (f.71r-103v)
Majāmi' al-ḥaqā'iq wa-al-qawā'id wa-jāmi' al-rawā'iq wa-al-fawā'id min al-uṣūl

Begins: الحمد لله رب العالمين ... وبعد فهذه مجامع الحقائق والقواعد

A treatise by Muḥammad ibn Muṣṭafá al-Khādimī (d.1176/1762) on the principles of Hanafi law, divided into four sections (*rukn*).

Copied in 1182/1768.

THE PRINCIPLES OF MALIKI LAW

21

Or.8940 (188f.)
Sharḥ uṣūl Ibn al-Ḥājib

The latter part only, beginning in the third section (*naw'*) of the part dealing with aural evidence (*al-adillah al-sam'īyah*), of an extensive commentary by 'Abd Allāh ibn Muḥammad al-Masīlī (d.744/1343) on *Mukhtaṣar al-Muntahá*, an abridgment by 'Uthmān ibn 'Umar, called Ibn al-Ḥājib (d.646/1249), of his own treatise on the principles of Maliki law, *Muntahá al-su'l wa-al-amal fī 'ilmay al-uṣūl wa-al-jadal.*

Copied in 754/1353.

22

Or.8467 (f.5-292)
Sharḥ Mukhtaṣar Ibn al-Ḥājib

Begins: الحمد لله الذي برأ الانام

A commentary by 'Aḍud al-Dīn 'Abd al-Raḥmān ibn Aḥmad al-Ījī (d.756/1355), with many marginal notes, on the same work by Ibn al-Ḥājib as the preceding.

Copied in 1135/1723.

23

Or.8516 (194f.)
Tatimmat sharḥ al-sharḥ

Begins: الحمد لله الذي وفقنا للوصول الى منتهى اصول الشريعة الغراء

Glosses by Sa'd al-Dīn Mas'ūd ibn 'Umar al-Taftāzānī (d.793/1390) on the above work by 'Aḍud al-Dīn al-Ījī.

Copied in the 17th cent., though a note in a later hand (f.194v) bears the date 1260/1844.

24

Or.10973 (38f.)
al-Ḥawāshī al-jadīdah 'alá sharḥ al-Mukhtaṣar

Glosses by 'Alī ibn Muḥammad, called al-Sharīf al-Jurjānī (d.816/1413), on the opening part of 'Aḍud al-Dīn al-Ījī's commentary on *Mukhtaṣar al-Muntahá*. The colophon states, after covering approximately one seventeenth of the commentary, that the glosses are complete. Defective at the beginning.

Copied in 835/1431.

25

Or.11999 (43f.)
al-Shab' bi-al-ṭarīq al-ūlá

Begins: حمدا لمن جعل ذاته اصول جميع صفاته

Glosses by Sa'dī 'Uthmān ibn al-Ḥabīb al-Qāriṣī on al-Sharīf al-Jurjānī's commentary on *Mukhtaṣar al-Muntahá*. The work is dedicated to 'Izzat Muḥammad Pāshā, which places its composition in the latter part of the 18th century.

Copied in the late 18th or early 19th cent.

THE PRINCIPLES OF SHAFI'I LAW

26

Or.9589/6 (f.56v-98r)
Ta'līq 'alá al-Waraqāt

Begins: قال سيدنا وشيخنا ... الحمد لله رب العالمين ... أما بعد فهذا تعليق على الورقات

A commentary by Muḥammad ibn Muḥammad, called Ibn Imām al-Kāmilīyah (d.874/1470), on a treatise by 'Abd al-Malik ibn 'Abd Allāh al-Juwaynī, called Imām al-Ḥaramayn (d.478/1085), on the principles of Shafi'i law.

Copied in 878/1473.

27

Or.9721 (336f.)
al-Maḥṣūl fī 'ilm al-uṣūl

A treatise on the principles of Shafi'i law by Fakhr al-Dīn Muḥammad ibn 'Umar al-Rāzī (d.606/1210). Wanting one folio at the beginning.

Copied in the Dār al-Dhahab *madrasah* in Baghdād in 598/1202.

28

Or.11206 (356f.)
al-Maḥṣūl fī 'ilm al-uṣūl

Begins: قال الشيخ ... الحمد لله رب العالمين ... الكلام في المقدمات وفيه فصول الفصل الاول في تفسير اصول الفقه المركب

Another copy dated 767/1365, with the first eight folios supplied in a later hand.

29

Or.12217 (31f.)
Minhāj al-wuṣūl fī 'ilm al-uṣūl

Begins: قال الشيخ ... تقدس من تمجد بالعظمة

والجلال

A treatise on the principles of Shafi'i law by 'Abd Allāh ibn 'Umar al-Bayḍāwī (d.685/1286).

A calligraphic copy with ornamented *'unwān*, dated 873/1469.

30

Or.9130 (77f.)

al-Ibhāj fī sharḥ al-Minhāj

Begins: الحمد لله الذي اسس بنيان دينه على اثبت قواعد

A commentary by Taqī al-Dīn 'Alī ibn 'Abd al-Kāfī al-Subkī (d.756/1355) on the above treatise by al-Bayḍāwī. According to the text it was begun in 735/1355 by Taqī al-Dīn al-Subkī but completed (from f.38r onwards) by his son Tāj al-Dīn 'Abd al-Wahhāb ibn 'Alī al-Subkī (d.771/1370).

Copied in 756/1355.

31

Or.9581/3 (f.123r-134r)

Tadhkirat al-muḥtāj ilá aḥādīth al-Minhāj

Begins: الحمد لله حمد الشاكرين ... وبعد فهذا تعليق نافع إن شاء الله تعالى

A tract by 'Umar ibn 'Alī, called Ibn al-Mulaqqin (d.804/1401), on the traditions found in the above work by al-Bayḍāwī.

Copied in the 15th cent.

32

Or.8401 (242f.)

Nihāyat al-wuṣūl ilá 'ilm al-uṣūl

Begins: الحمد لله المتقدس بوجوب وجوده عن الاشباه والنظائر والاحزاب

A longer work by Ṣafī al-Dīn Muḥammad ibn 'Abd al-Raḥīm al-Hindī (d.715/1315) on the principles of Shafi'i law. A discussion of the principle of consensus (*ijmā'*) is given on f.225v-242v by way of an appendix.

Copied in 1233/1818.

33

Or.8325 (330f.)

al-Durar al-lawāmi' bi-taḥrīr Jam' al-jawāmi'

Begins: الحمد لله على ما منح من الاهتداء بأنوار أصول الشريعة

Glosses by Muḥammad ibn Muḥammad, called Ibn Abī Sharīf (d.906/1501), on *al-Badr al-ṭāli'*, the commentary of Jalāl al-Dīn Muḥammad ibn Aḥmad al-Maḥallī (d.864/1459) on *Jam' al-jawāmi'*, a treatise on the principles of Shafi'i law by Tāj al-Dīn 'Abd al-Wahhāb ibn 'Alī al-Subkī (d.771/1370). The work was completed in 889/1484.

Copied in the 17th cent.

34

Or.8226 (173f.)

Ṣadḥ al-sawāji' 'alá sharḥ Jam' al-jawāmi'

Begins: الحمد لله على آلائه وشكره على دوام أفضاله ونعمائه

Glosses by 'Alī ibn 'Abd Allāh al-Samhūdī (d.911/1506) on a supercommentary on Jalāl al-Dīn al-Maḥallī's commentary on Tāj al-Dīn al-Subkī's above-mentioned treatise.

Copied in 1075/1665.

35

Or.11208 (149f.)

Bughyat al-ṭālibīn fī ḥall mushkilat Jalāl al-Dīn

Pt.2 of a gloss by Muḥammad ibn Dāwud al-Bāzilī (d.925/1519) on Jalāl al-Dīn al-Maḥallī's commentary on *Jam' al-jawāmi'*, beginning with the chapter dealing with *al-Ḥurūf* and ending with that entitled *al-Mujmal.*

Copied in the 17th cent.

THE PRINCIPLES OF HANBALI LAW

36

Or.11853 (68f.)
al-Bulbul

Begins: اللهم يا واجب الوجود ويا موجب كل موجود

An abridgment by Sulaymān ibn ʻAbd al-Qawī al-Ṣarṣarī (d.716/1316) of *Rawḍat al-nāẓir wa-jannat al-manāẓir*, a treatise on the principles of Hanbali law by ʻAbd Allāh ibn Aḥmad, called Ibn Qudāmah (d.620/1223).

Copied in 949/1542.

37

Or.7798 (45f.)
al-Mukhtaṣar fī uṣūl al-fiqh

Begins: الحمد لله الجاعل التقوى اصل الدين واساسه

A treatise on the principles of Hanbali law by ʻAlī ibn ʻAbbās al-Baʻlī (fl.803/1400).

Copied in the 16th cent.

THE PRINCIPLES OF SHIITE LAW

38

Or.8326 (209f.)
Muntahá al-wuṣūl fī kalām al-uṣūl

A treatise on the principles of Shiite law by al-Ḥasan ibn Yūsuf, called Ibn al-Muṭahhar al-Ḥillī (d.726/1325). The text, which is defective at the beginning, starts with the title of the first section (*faṣl*), *Fī taqsīm al-mawjūdāt.*

Copied in 687/1288. Wanting the first folio.

39

Or.10963 (36f.)
Mabādi' al-wuṣūl ilá ʻilm al-uṣūl

Begins: الحمد لله المتفرد بالازلية والدوام

A shorter treatise on the same also by Ibn al-Muṭahhar al-Ḥillī, with some marginal annotations at the beginning.

Copied in 715/1315.

40

Or.8464/2 (f.75v-114r)
Ḥāshiyah ʻalá al-Maʻālim

Begins: الحمد لله رب العالمين اما بعد فيقول العبد الغريق بحر العصيان

Glosses by Ḥusayn ibn Muḥammad, called Sulṭān al-ʻUlamā' (d.1064/1654), on *Maʻālim al-dīn* by al-Ḥasan ibn Zayn al-Dīn, called Ibn al-Shahīd al-Thānī (d.1011/1602).

Copied in 1234/1819.

41

Or.8530/1 (f.1v-12v)
Ḥāshiyah ʻalá Maʻālim al-dīn

Another copy of the first eighth only, to: قوله فليحذر الذين يخالفون عن امره.

Copied in the 18th or 19th cent.

42

Or.8464/1 (f.1v-74v)
Ḥāshiyah ʻalá al-Maʻālim

Begins: قوله الفقه في اللغة الفهم الخ اني ابتدء بتعريف الفقه دون اصول الفقه كما هو معروف في كتب الاصول

Glosses, also on *Maʻālim al-dīn*, by Muḥammad ibn al-Ḥasan al-Shirwānī (d.1099/1688).

Copied in 1235/1819.

43

Or.8464/3 (f.115v-146v)
Ḥāshiyah 'alá al-Ma'ālim

Begins: الحمد لله رب العالمين ... قوله وبالافعال

Another gloss on the same by Muḥammad Bāqir ibn Muḥammad Akmal al-Bahbahānī (d.1206/1791).

Copied in 1235/1819.

44

Or.8526 (239f.)
al-Qawānīn al-mufradah al-muḥkamah

Begins: الحمد لله الذي هدانا الى اصول الفروع وفروع الاصول

A work by Abū al-Qāsim ibn al-Ḥasan al-Qummī, written as a supplement to *Ma'ālim al-dīn*. Ends abruptly at the beginning of the conclusion (*khātimah*).

Copied in the 19th cent., and bound in lacquered leather covers.

45

Or.8520 (64f.)
[Ḥāshiyah 'alá Ma'ālim al-uṣūl]

Beings: أنا العبد العاصي محمد بن رضاي الجيلاني لما كنت مشتغلا بقراءة كتاب معالم الأصول

Another gloss on the same by Muḥammad ibn Riḍā'ī Jīlānī.

Copied in the 19th cent. in an inelegant, minute hand.

46

Or.8521 (57f.)

A fragment from a tract by Bahā' al-Dīn Muḥammad ibn Ḥusayn al-'Āmilī (d.1031/1622) on the principles of Shiite law, probably *Zubdat al-uṣūl*. Composed in six chapters (*manhaj*), further subdivided (*maṭlab* and *faṣl*), wanting the first folio and ending abruptly in *al-Manhaj al-khāmis fī al-tarjīḥāt*. With copious marginal annotations.

Copied in the 18th cent.

47

Or.11026 (254f.)
Madārij al-wuṣūl ilá 'ilm al-uṣūl

Begins: الحمد لمن اصل اصول الانوار الملكوتية

A work on the principles of Shiite law by Muḥammad Taqī ibn 'Alī al-Nūrī (d.1263/1847). A defective copy, wanting two pages of the introduction and ending abruptly at the beginning of the fourth *faṣl* of *al-Maqṣad al-sādis fī bayān ḥukm li-fāriḍ al-aḥwāl al-mukhālifah lil-aṣl wa-al-ẓāhir*.

Copied in the 19th cent.

THE BRANCHES OF HANAFI LAW

48

Or.12521 (138f.)
al-Jāmi' al-ṣaghīr

Begins: الحمر لله رب العالمين ... قال الشيخ ... أما بعد فإن مشايخنا رحمهم الله كانوا يعظمون هذا الكتاب تعظيماً

A compendium of Hanafi law by Muḥammad ibn al-Ḥasan al-Shaybānī (d.189/804). After the first folio there is a lacuna comprising the first eleven sections of *Kitāb al-ṣalāh*. The text begins again on f.2r with *Bāb al-qirā'ah fī al-ṣalāh*. There are copious marginal annotations in an archaic *naskhī* similar to that of the text itself.

Copied in 475/1082.

49

Or.8946 (198f.)
al-Mabsūṭ

Another work by al-Shaybānī, being an epitome on the branches of Hanafi law. Defective at the beginning, extending from *Kitāb al-ṣalāh* to the end of the work.

Copied in 568/1173.

50

Or.9841 (f.2-94)
Sharḥ al-Jāmiʿ al-kabīr

Begins: الحمد لله رب العالمين والصلوة على نبيه محمد وآله اجمعين

An abridgment by Aḥmad ibn Muḥammad al-ʿAttābī (d.586/1190) of al-Shaybānī's *al-Jāmiʿ al-kabīr*.

Copied in 713/1314.

51

Or.9397 (287f.)
Taḥrīr fī sharḥ al-Jāmiʿ al-kabīr

Pt.4 of another commentary on the same by Maḥmūd ibn Aḥmad al-Ḥaṣīrī (d.636/1238), from *Bāb min al-shahādah bi-al-qatl* in the middle of *Kitāb al-shahādāt*, to the end of *Kitāb al-ḍamān*.

Copied in 722/1322.

52

Or.9068 (372f.)
Taḥrīr fī sharḥ al-Jāmiʿ al-kabīr

The latter part of the first half of the same commentary by al-Ḥaṣīrī, from *Kitāb al-nikāḥ* to *Kitāb al-ḍamān*. Preceded by a table of contents.

Copied in 964/1557.

53

Or.12203 (212f.)
Talkhīṣ al-Jāmiʿ al-kabīr

Begins: احمد الله على الفقه في الدين

An abridgment by Muḥammad ibn ʿAbbād al-Khilāṭī (d.652/1254) of the same manual by al-Shaybānī.

A 19th cent. copy with an illuminated *ʿunwān* and gold painted covers and flap.

54

Or.9220 (342f.)
Sharḥ Ādāb al-qāḍī

Begins: الحمد لله رب العالمين ... وبعد فقد طلب مني بعض أصحابنا لكل مسئلة من مسائل كتاب أدب القاضي

A commentary by ʿUmar ibn ʿAbd al-ʿAzīz, called al-Ṣadr al-Shahīd (d.536/1141), on a manual for judges by Aḥmad ibn ʿUmar al-Khaṣṣāf (d.261/874).

Copied in the 18th cent, in a stamped leather binding with flap.

55

Or.8525 (71f.)
Khizānat al-fiqh

Begins: الحمد لله رب العالمين ... قال الشيخ ... اعلم أن الفقه علم حسن وهو أجل من سائر العلوم

An epitome of Hanafi law by Abū al-Layth Naṣr ibn Muḥammad al-Samarqandī (d.373/983). With marginal notes from various sources.

Copied in 1239/1824.

56

Or.9288/2 (f.93v-129r)
Muqaddimat al-ṣalāh

Begins: الحمد لله رب العالمين ... قال الفقيه ابو الليث رحمه الله اعلم بأن الصلوة فريضة قائمة

A treatise by the same author on how to pray according to the Hanafi school.

Copied in 1001/1593.

57

Or.9702 (153f.)
al-Tawḍīḥ

Begins: الحمد لله رب العالمين ... وبعد فيقول العبد الفقير ... لما رأيت مختصر مقدمة الصلوة المنسوب تأليفه إلى ... أبي الليث السمرقندي

A commentary by Muṣṭafá ibn Zakarīyā al-Qaramānī (d.809/1406) on Abū al-Layth al-Samarqandī's *Muqaddimat al-ṣalāh*.

Copied in 846/1442.

58

Or.9297 (133f.)
Mukhtaṣar al-Qudūrī

Begins: قال الله تعالى يا ايها الذين آمنوا اذا قمتم الى الصلوة فاغسلوا وجوهكم...

A well known handbook of Hanafi law by Aḥmad ibn Muḥammad al-Qudūrī (d.428/1037).

Copied in a 15th cent. hand.

59

Or.14496 (213f.)
Mukhtaṣar al-Qudūrī

Another copy dated 992/1584, with only seven lines of Arabic per page to leave room for the interlinear Turkish translation.

60

Or.9298 (152f.)
Mukhtaṣar al-Qudūrī

Another copy, from the 16th cent., with interlinear and marginal notes.

61

Or.8524 (148f.)
Mukhtaṣar al-Qudūrī

Another, poorer copy, with spaces left blank for the insertion of rubrics. Ends with a section on the land tax (*kharāj*).

Copied in the 19th cent.

62

Or.8949 (324f.)
Sharḥ Mukhtaṣar al-Qudūrī

Pts.2-3 of a commentary by Aḥmad ibn Muḥammad al-Aqṭa' (d.474/1081) on the above, from *Kitāb al-ghaṣb* to the end. Defective at the beginning.

Copied in 505/1112.

63

Or.11078/1 (f.2r-69r)
al-Mushkilāt fī sharḥ al-Qudūrī

Begins: كتاب الطهارة الطهارة في اللغة عبارة عن النظافة وفي الشريعة عبارة عن الغسل

A commentary by Muḥammad ibn al-Ḥusayn Khwāharzādah (d.483/1090) on the difficult passages of the above manual of law by al-Qudūrī.

Copied in 795/1393.

64

Or.7990 (234f.)
Sharḥ Mukhtaṣar al-Qudūrī

Pt.2 of a later commentary by Muḥammad ibn 'Abd Allāh al-Khuttalī, from *Kitāb al-nikāḥ* to the end of the work.

Copied in 537/1142.

65

Or.13081 (206f.)
Khulāṣat al-dalā'il fī tanqīḥ al-masā'il

Begins: الحمد لله الموفق للصواب والسداد

A commentary by 'Alī ibn Aḥmad, called Ibn Makkī (d.598/1201), on *Mukhtaṣar al-Qudūrī*. Preceded by a table of contents.

Copied in 967/1559.

66

Or.8888 (197f.)
Khulāṣat al-dalā'il fī tanqīḥ al-masā'il

A later copy in an 18th cent. hand.

67

Or.9296 (284f.)
Badā'i' al-ṣanā'i' fī tartīb al-sharā'i'

Begins: الحمد لله العلي القادر القوي القاهر القوي الغافر الكريم الساتر

Pt.1 only of a compendium of Hanafi law by Abū Bakr ibn Mas'ūd al-Kāshānī (d.587/1191), from *Kitāb al-ṭahārah* to *Kitāb al-zakāh*. Based on the work of his teacher, 'Alā' al-Dīn Muḥammad ibn Aḥmad ibn Muḥammad al-Samarqandī (d.540/1145), entitled *Tuḥfat al-fuqahā'*.

Copied in the 14th cent.

68

Or.9856 (216f.)
al-Fiqh al-nāfi'

Begins: الحمد لله رب العالمين حمدا امده الابد

A compendium of Hanafi law by Muḥammad ibn Yūsuf al-Samarqandī (d.566/1161). The text, which is defective at the end, breaks off near the opening of *Kitāb al-khunthá*.

Copied in the 14th cent. with copious marginal notes.

69

Or.8937 (415f.)
al-Mustaṣfá

Begins: الحمد لله الذي امد اولياءه في العاجلة بانواع النعم

A commentary by 'Abd Āllāh ibn Aḥmad al-Nasafī (d.710/1310) on *al-Fiqh al-nāfi'*. According to a note on f.415, the author finished dictating the work in 665/1267.

An early copy dated 676/1277.

70

Or.11103 (353f.)
al-Mustaṣfá

Another copy dated 1108/1697, with an illuminated *'unwān*, bound in gold-stamped leather covers with a matching pouch.

71

Or.12420 (153f.)
Shir'at al-Islām

Begins: الحمد لله الذي دلنا على معرفته بالشواهد والاعلام

A work on obligations, moral and religious, composed by Muḥammad ibn Abī Bakr, called Imāmzādah (d.573/1177), Hanafi mufti of Bukhara, and a Sufi.

A calligraphic copy dated 892/1487, with an illuminated *'unwān* and gold-stamped covers.

72

Or.8889 (98f.)
Shir'at al-Islām

Another copy dated 1122/1710.

73

Or.8910/2 (f.5r-315r)
Mafātīḥ al-jinān wa-maṣābīḥ al-janān

Begins: حمدا لمن منّ على عباده

A commentary by Ya'qūb ibn Sayyid 'Alī al-Burūsawī (d.931/1524) on the above work by Imāmzādah.

Copied in 1096/1685.

74

Or.9288/1 (f.3v-92r)
al-Muqaddimah al-Ghaznawīyah fī furū' al-Ḥanafīyah

Begins: الحمد لله الذي عم البلاد بنعمته

A manual of Hanafi law by Aḥmad ibn Muḥammad al-Ghaznawī (d.593/1197).
Copied in 1004/1596.

75

Or.9287/1 (f.2v-44r)
al-Muqaddimah al-Ghaznawīyah
Another, rather poor copy, in an 18th cent. hand.

76

Or.12673/2 (f.60v-65v)
al-Muqaddimah al-Ghaznawīyah
Another copy of the same also from the 18th cent.

77

Or.8945 (142f.)
Bidāyat al-mubtadi'

Begins: الحمد لله الذي هدانا إلى بالغ حكمه وأولانا سابغ نعمه

A manual of Hanafi law by 'Alī ibn Abī Bakr al-Marghīnānī (d.593/1197).
Copied in 806/1403.

78

Or.9299 (287f.)
al-Hidāyah fī sharḥ al-Bidāyah

Begins: الحمد لله الذي اعلى معالم العلم واعلامه
A fragment, from the beginning to the end of *Kitāb al-waqf*, of a commentary by al-Marghīnānī himself on the above compendium of Hanafi law, *Bidāyat al-mubtadi'*.
Copied in 750/1349.

79

Or.8406 (341f.)
al-Hidāyah fī sharḥ al-Bidāyah
Another copy comprising the first half only, from the beginning to the end of *Kitāb al-ṣarf*, copied in 855/1452.

80

Or.12799 (380f.)
al-Hidāyah fī sharḥ al-Bidāyah
Another copy in a 17th or 18th cent. hand, with an illuminated Ottoman *'unwān* and stamped leather covers.

81

Or.14519 (139f.)
Hidāyat al-Hidāyah
A fragment, from *Kitāb ḥadd al-shurb* to *Kitāb al-khunthá*, of an early compendium of Hanafi law. The phrase *'indanā wa-'inda al-Shāfi'ī* occurs on f.5r. The title is taken from an inscription on the top edge of the manuscript.
Copied in 674/1275.

82

Or.9800 (137f.)
al-Ziyādāt 'alá al-Hidāyah

Begins: كتاب الصلاة الجمع بين المسح والغسل لا يجوز

Additions by Sulaymān ibn Wuhayb al-Adhra'ī (d.677/1278) to *al-Hidāyah* by al-Marghīnānī.
Copied in the 13th cent.

83

Or.13450 (187f.)
Wiqāyat al-riwāyah fī masā'il al-Hidāyah

Begins: حمد من جعل العلم اجل المواهب الهنية واسناها
A manual of Hanafi law by Maḥmūd ibn 'Ubayd Allāh al-Maḥbūbī (fl.13th cent.), drawing heavily on the earlier work of al-Marghīnānī.
Copied in 856/1452, with marginal comments in later hands.

84

Or.9233 (322f.)
Sharḥ al-Wiqāyah

Begins: الحمد لله رب العالمين والصلوة على خير خلقه وآله الطيبين الطاهرين

A commentary by ʻUbayd Allāh ibn Masʻūd, called Ṣadr al-Sharīʻah al-Aṣghar (d.747/1346), on al-Maḥbūbī's work. With copious marginal annotations.

Copied in 1019/1610.

85

Or.13305 (358f.)
Sharḥ al-Wiqāyah

Another copy. On f.1r-30r, in addition to two indexes by different hands, there are extracts in Arabic and Persian by other hands on a variety of subjects, including prayers and quotations and anecdotes relating to Sufism.

Copied in the 18th cent., and bound in stamped leather covers with flap.

86

Or.9065 (273f.)
Tawfīq al-ʻināyah fī sharḥ Wiqāyat al-riwāyah

Begins: الحمد لله الذي جعل الشرع دينا رضيا ونورا مضيئا لخير الامم

Another commentary by Zayn al-Dīn Junayd ibn Sandal al-Ḥanafī on al-Maḥbūbī's *Wiqāyat al-riwāyah.*

Copied in 816/1413.

87

Or.12951 (284f.)
Sharḥ al-Wiqāyah

Begins: كتاب الطهارة الكتاب مصدر كالكتابة بمعنى الجمع والمراد به المكتوب

A commentary on the same work as the preceding by ʻAbd al-Laṭīf ibn ʻAbd al-ʻAzīz, called Ibn Malak (d.801/1398).

Copied in 1102/1691, with some of the folios tinted yellow.

88

Or.12421 (301f.)
al-Iṣlāḥ wa-al-īḍāḥ

Begins: احمده في البداية والنهاية على الهداية والوقاية

Emendations to and explanatory notes by Aḥmad ibn Sulaymān, called Ibn Kamāl Bāshā (d.940/1534), on al-Maḥbūbī's *Wiqāyat al-riwāyah.*

Copied in 964/1557.

89

Or.12780 (497f.)
Jāmiʻ al-rumūz

Begins: الحمد لله الذي فضلنا بتعليم اصول مبسوط الجامع الكبير من الاحكام

A commentary by Shams al-Dīn Muḥammad al-Quhistānī (d.ca.953/1546) on Ṣadr al-Sharīʻah al-Aṣghar's abridgement of *Wiqāyat al-riwāyah* entitled *al-Nuqāyah.*

Copied in 1076/1666.

90

Or.14493 (486f.)
Jāmiʻ al-rumūz

Another copy, preceded by a table of contents. The inscription on the bottom edge of the manuscript reads: *Mukhtaṣar Ṣadr al-Sharīʻah.*

A neat copy dated 1102/1690, with an illuminated *ʻunwān*, and bound in gold-tooled leather covers.

91

Or.12738 (147f.)
Mukhtārāt al-Hidāyah

Begins: اللهم بحمدك البداية وبهدايتك النهاية

An abridgement by ʻAlī ibn Aḥmad al-Jamālī (d.932/1526) of al-Marghīnānī's *al-Hidāyah*. Preceded by a table of contents and with marginal notes in later hands.
Copied in 1080/1669.

92

Or.14500 (151f.)
Jāmiʻ aḥkām al-ṣighār

Begins: الحمد لله الذي بهرت حجته وظهرت على الخلائق محجته

A Hanafi treatise by Muḥammad ibn Maḥmūd ibn al-Ḥusayn al-Usrūshanī (d.632/1234), on laws relating specifically to minors.
Copied in the 16th cent., and bound in stamped leather covers.

93

Or.12673/1 (f.1v-60r)
Tuḥfat al-mulūk wa-al-salāṭīn

Begins: الحمد لله ... هذا مختصر في علم الفقه جمعته لبعض اخواني في الدين بقدر ما وسعه وقته

A concise compendium of Hanafi law by Muḥammad ibn Abī Bakr al-Rāzī (fl.666/1268), composed in ten sections named *kitāb*.
Copied in the 18th cent.

94

Or.8950 (148f.)
Sharḥ Tuḥfat al-mulūk wa-al-salāṭīn

Begins: الحمد لله الذي هدانا إلى الصراط المستقيم ووفقنا لمنهج الدين القويم

A commentary by Muḥammad ibn ʻAbd al-Laṭīf, called Ibn Malak (d.854/1450), on the above compendium of Hanafi law.
Copied in 1187/1773 in a Maghribi hand.

95

Or.13400 (247f.)
Minḥat al-sulūk fī sharḥ Tuḥfat al-mulūk

Begins: إن احرى ما يملي في تباشير الخطب والدبابيج

A commentary by Badr al-Dīn Maḥmūd ibn Aḥmad al-ʻAynī (d.855/1451) on the above work by al-Rāzī. The text has been worn away at the top of the last few folios.
Copied in the 17th cent.

96

Or.13401 (162f.)
Hadīyat al-ṣuʻlūk fī sharḥ Tuḥfat al-mulūk

Begins: الحمد لله الذي جعل قلوب العلماء مرايا جمال معاني الهداية

Another commentary on the same by Abū al-Layth Muḥarram ibn Muḥammad al-Zaylaʻī (fl.1010/1601), called in this copy Muḥarram ibn al-ʻĀrif ibn al-Ḥasan al-Zaylī. The text at the bottom of the last few folios is obscured by water staining.
Copied in the 17th cent.

97

Or.9582 (413f.)
Fuṣūl al-iḥkām fī uṣūl al-aḥkām

Begins: وباسمه يبدأ كل كتاب ويختم

A treatise in forty chapters (*faṣl*) by ʻAbd al-Raḥīm ibn Abī Bakr al-Marghīnānī (d.ca.670/1272) on Hanafi legal procedure in civil cases.
Copied between 808/1405 and 823/1420.

98

Or.11859 (133f.)
al-Ikhtiyār li-taʻālīl al-Mukhtār
Vol.2, from *Kitāb al-nikāḥ* to *Kitāb al-farā'iḍ*, of a commentary on *al-Mukhtār*,

both works by Abū al-Faḍl ʻAbd Allāh ibn Maḥmūd al-Mawṣilī (d.683/1284).

Copied in 788/1386.

99

Or.9067 (272f.)

al-Ikhtiyār li-ta'līl al-Mukhtār

Begins: الحمد لله الذي شرع لنا دينا قديما

Vol.1, being the first half of a later copy of the above commentary, ending with *Kitāb al-waqf*.

Copied in 1103/1691, and bound in stamped leather covers with flap.

100

Or.14508 (121f.)

Majma' al-baḥrayn wa-multaqá al-nayyirayn

Begins: الحمد لله جاعل العلماء انجماً للاهتداء زاهرة واعلاماً للاقتداء باهرة

A compendium of Hanafi law by Aḥmad ibn ʻAlī, called Ibn al-Sāʻātī (d.694/1295).

Copied in the 15th or 16th cent.

101

Or.8001 (185f.)

Sharḥ Majma' al-baḥrayn

Begins: يا من لا يحوط كماله كمال نطاق وصف الفصحاء

Pt.1 only, ending with *Kitāb al-hibah*, of a commentary by ʻAbd al-Laṭīf ibn ʻAbd al-ʻAzīz, called Ibn Malak (d.801/1398), on Ibn al-Sāʻātī's treatise on Hanafi law.

Copied in 852/1448.

102

Or.12841 (314f.)

Sharḥ Majma' al-baḥrayn

A later, complete copy, dated 861/1457.

103

Or.12798 (351f.)

Sharḥ Majma' al-baḥrayn

Another copy dated 917/1511, the first line of which reads: يا من لا يحوط كمال كماله... .

104

Or.8469 (f.2-77)

Munyat al-muṣallī wa-ghunyat al-mubtadi'

Begins: الحمد لله رب العالمين ... اعلموا وفقكم الله وإيّانا أن أنواع العلوم كثيرة وأن أهم الأنواع بالتحصيل مسائل الصلوة

A Hanafi treatise on ritual prayer and purification by Muḥammad ibn Muḥammad al-Kāshgharī (d.705/1306).

Copied in 1111/1700.

105

Or.12761 (382f.)

Ghunyat al-mutamallī fī sharḥ Munyat al-muṣallī

Begins: الحمد لله جاعل الصلوة عماد الدين

A commentary on the above by Ibrāhīm ibn Muḥammad al-Ḥalabī (d.956/1549).

Copied in 1175/1762, with copious marginal glosses, mostly in a hand resembling that of the original scribe, and an illuminated *'unwān*, rudely executed.

106

Or.8890 (f.2-267)

Mukhtaṣar Ghunyat al-mutamallī

Begins: الحمد لله الذي جعل العبادة مفتّح السعادة

An abridgement by Ibrāhīm al-Ḥalabī of his own commentary on al-Kāshgharī's *Munyat al-muṣallī*.

Copied in 1011/1602.

107

Or.13399 (205f.)
Mukhtaṣar Ghunyat al-mutamallī
Another copy dated 1106/1694.

108

Or.8470 (233f.)
Mukhtaṣar Ghunyat al-mutamallī
Another copy dated 1180/1767.

109

Or.9302 (146f.)
al-Wāfī

Begins: الحمد لمن منّ على عباده بإرسال رسله

A manual of Hanafi law by ʻAbd Allāh ibn Aḥmad al-Nasafī (d.710/1310). Includes a table of contents.

Copied in 833/1430.

110

Or.9402 (128f.)
al-Kāfī

Begins: الحمد لمن حلت نعمه ودقت حكمه

The first five chapters only, ending with *Bāb al-iḥrām* of *Kitāb al-ḥajj*, of a commentary by al-Nasafī on his earlier treatise, *al-Wāfī*.

Copied in the 14th cent.

111

Or.14469 (115f.)
Kanz al-daqā'iq

Begins: الحمد لله الذي اعز العلم في الاعصار

A manual of Hanafi law by ʻAbd Allāh ibn Aḥmad al-Nasafī (d.710/1310).

Copied in 855/1451.

112

Or.13810 (99f.)
Kanz al-daqā'iq

Another copy in a large Indian *naskhī* hand dated 1223/1808, with an interlinear and marginal commentary in a smaller *naskhī* of a slightly later date.

113

Or.14259 (78f.)
Kanz al-daqā'iq

Another copy, defective at the beginning, from *Kitāb al-kafālah* to the end.

Copied in the 19th cent, and bound in cracked leather covers, one bearing a crude stitched design.

114

Or.9070 (308f.)
Tabyīn al-ḥaqā'iq sharḥ Kanz al-daqā'iq

The second half of a commentary by ʻUthmān ibn ʻAlī al-Zaylaʻī (d.743/1343) on the above work from *Kitāb al-buyūʻ* to the end.

Copied in 954/1548.

115

Or.7802 (226f.)
al-Baḥr al-rā'iq fī sharḥ Kanz al-daqā'iq

Begins: الحمد لله الذي دبر الأنام بتدبيره القوي وقدر الأحكام بتقديره الخفي

The first five books only, to the end of *Kitāb al-ḥajj*, of a commentary by Zayn al-Dīn ibn Ibrāhīm, called Ibn Nujaym (d.970/1563), on the above.

Copied in 1064/1654.

116

Or.8580 (118f.)
al-Baḥr al-rā'iq fī sharḥ Kanz al-daqā'iq

A fragment only of another copy, from the beginning to *Bāb ṣifat al-ṣalāh* of Bk.2.

Copied in the 18th cent.

117

Or.8339 (379f.)
Mutammam al-Baḥr al-rā'iq

A supplement by 'Alī ibn 'Abd Allāh al-Ṭūrī (d.1004/1596) to the above commentary by Ibn Nujaym, from *Kitāb al-ijārah* to the end.

Copied from the author's autograph in 1071/1661.

118

Or.9762 (2v. (304, 301f.))
al-Nahr al-fā'iq sharḥ Kanz al-daqā'iq

Begins: يا من أظهر ما شاء من كنوز هدايته ... أما بعد فإن المختصر الفقهي المنسوب إلى أفضل المتأخرين

A commentary by 'Umar ibn Ibrāhīm, also called Ibn Nujaym (d.1005/1596), on al-Nasafī's manual of Hanafi law.

Copied in 1096/1685.

119

Or.9300 (314f.)
Khizānat al-muftīn

Begins: الحمد لله حمد الشاكرين ونؤمن به ايمان الموقنين

The first half of this work by Ḥusayn ibn Muḥammad al-Samanqānī (d.746/1345), breaking off in *Kitāb al-bay'* at *Faṣl fī al-istiḥqāq*. The work was completed in 740/1339. This copy, which is defective at the end, is bound in stamped leather covers with flap.

Copied in the 17th cent.

120

Or.9129 (286f.)
al-Ajma' fī sharḥ al-Majma'

Pt.2 only, on *ṣalāh* and *zakāh*, of a commentary, or synopsis, by Maḥmūd ibn Muḥammad, called Ibn Ibrāhīm al-Ḥanafī (fl.787/1385), on *Mukhtaṣar Abī al-Ḥasan al-Qudūrī* and *Manẓūmat Abī Ḥafṣ al-Nasafī*.

This is the autograph which is dated 787/1385, and was presented by the author as a *waqf* to a Hanafi school in Aleppo named al-Shādbakhtīyah.

121

Or.11025 (304f.)
Jāmi' al-fuṣūlayn

Begins: الحمد لله الذي اعلى شأن شريعته و كرم من اتخذها اليه وسيلة وذريعة

A manual of Hanafi law by Maḥmūd ibn Isrā'īl, called Ibn Qāḍī Simāwunah (d.833/1420), based on two earlier works: *al-Fuṣūl* by Muḥammad ibn Maḥmūd al-Usrūshanī (d.632/1234) and *Fuṣūl al-iḥkām* by 'Abd al-Raḥīm ibn Abī Bakr al-Marghīnānī (d.ca.670/1272). Compiled during the years 813-14/1410-11, and preceded by a table of contents.

Copied in the 17th cent.

122

Or.13438 (305f.)
Jāmi' al-fuṣūlayn

Another copy dated 1145/1732.

123

Or.13199 (362f.)
Nūr al-'ayn fī iṣlāḥ Jāmi' al-fuṣūlayn

Begins: الحمد لله على توالي عوالي نواله

A rearrangement by Muḥammad ibn Aḥmad Nishānjīzādah (d.1031/1622) of Ibn Qāḍī Simāwunah's work, with emendations, elucidations and many additions. It consists mainly of fetwas, classified according to subject.

Copied in 1112/1700.

124

Or.14247 (f.1r-332r)
Nūr al-'ayn fī iṣlāḥ Jāmi' al-fuṣūlayn

Another copy, wanting the first folio. Appended is a short treatise (f.332r-360v), apparently by the same author, expanding on the subject of the final section of *Nūr al-'ayn*, on the words which imply or give rise to unbelief. It is entitled *Tanwīr al-janān fī bayān ḥifẓ al-īmān*, and begins:

الحمد لله الذي هدانا للاسلام والايمان .

Copied in 1141/1729.

125

Or.11101 (242f.)
al-Nuṭaf al-ḥisān 'alá madhhab Abī Ḥanīfah al-Nu'mān

Begins: الحمد لله رب العالمين والعاقبة للمتقين ولا عدوان الا على الظالمين

A treatise on Hanafi law by Qāsim ibn Ḥusayn al-Damrājī (d.854/1459), with a table of contents prefixed.

Copied in 1049/1639, and bound in gold-stamped leather covers and flap.

126

Or.8948 (194f.)
al-Ikhtiyārāt min al-fiqh

Begins: الحمد لله الذي جعل العلم عَلَماً لهداية العالمين بمنّه الوافي

Notes on Hanafi law transcribed by 'Alī ibn Muḥammad ibn Nu'mān ibn Wājid (possibly the compiler), based on *al-Nuqāyah* by Ṣadr al-Sharī'ah al-Aṣghar (d.747/1346) and other works, and dedicated to Sultan Murād II (reg. 824/1421-855/1451).

Copied in the 18th or 19th cent.

127

Or.13302 (366f.)
Durar al-ḥukkām fī sharḥ Ghurar al-aḥkām

Begins: الحمد لله الذي احكم احكام الشرع القويم بمحكم كتابه

A commentary by Muḥammad ibn Farāmurz, called Mullā Khusraw (d.885/1480), on his own compendium of Hanafi law, *Ghurar al-aḥkām*. The year 883/1478, given in the colophon, is that of composition. Preceded by a table of contents.

Copied in the 16th or 17th cent., with ruled margins and a gilt *'unwān*.

128

Or.12784/7 (f.28v-29v)
Ilhāmiyat qawlihi al-ma'dhūr

Begins: الحمد لله على الالهام وعلى رسوله الصلوة والسلام

A tract by Aḥmad ibn Walī al-Dīn refuting criticisms made in *Ta'līqāt 'alá Durar al-ḥukkām fī sharḥ Ghurar al-aḥkām*, a supercommentary on the above by Muḥammad ibn Muṣṭafá al-Wānī (d.1000/1592).

Copied in the 18th cent.

129

Or.12786 (249f.)
Ḥāshiyah 'alá Durar al-ḥukkām

Begins: كتاب الطهارة قوله وإنما وحدها اي الطهارة الشرعية

A supercommentary by Muṣṭafá ibn Muḥammad, called 'Azmīzādah (d.1040/1630), on Mullā Khusraw's own commentary on *Ghurar al-aḥkām*.

Dated 1103/1691.

130

Or.13444 (406f.)

Ḥāshiyat al-Durar wa-al-Ghurar

Another copy of 'Azmīzādah's gloss, copied in the 17th or 18th cent. with a slightly different title.

131

Or.13446 (369f.)

Ghunyat dhawī al-aḥkām fī bughyat Durar al-ḥukkām

Begins: الحمد لله الذي اظهر في هذه الدار ببديع قدرته ما شاء من المنح لمن شاء

A supercommentary by Ḥasan ibn 'Ammār al-Shurunbulālī (d.1069/1659) on Mullā Khusraw's compendium of Hanafi law.

An autograph copy dated 1037/1628.

132

Or.13428 (170f.)

Multaqá al-abḥur

Begins: الحمد لله الذي وفقنا للتفقه في الدين الذي هو حبله المتين

A manual of Hanafi law by Ibrāhīm ibn Muḥammad al-Ḥalabī (d.956/1549).

A neat 17th cent. copy with an illuminated Ottoman *'unwān*, gold-ruled borders, and with marginal and interlinear annotations throughout. The original gold-stamped leather covers are held in a separate box.

133

Or.8466 (202f.)

al-Ashbāh wa-al-naẓā'ir

Begins: الحمد لله ما انعم وصلى الله على سيدنا محمد وسلم

A work by Zayn al-Dīn ibn Ibrāhīm, called Ibn Nujaym (d.970/1563), completed by him in 969/1562. Includes an index of contents in tabular form.

Copied in the 17th cent.

134

Or.8529 (187f.)

al-Ashbāh wa-al-naẓā'ir

Another copy in an 18th cent. hand, with an index of contents in the form of a preface.

135

Or.12775/22 (f.156r-162r)

al-Ashbāh wa-al-naẓā'ir

An abridged version of the seventh section (*fann*) only of the preceding work.

A 17th or 18th cent. copy, in which all folios except the last have been inserted into the manuscript, written on newer paper by a later hand.

136

Or.11104 (161f.)

Tawfīq al-Ilāh fī sharḥ fann min al-Ashbāh

Begins: الحمد لله الذي انعمنا بهدايته الطريق المستقيم

A commentary by Muḥammad Sunbulzādah al-Mar'ashī on the first section (*fann*) only of *al-Ashbāh wa-al-naẓā'ir* by Ibn Nujaym.

Copied in the 17th cent.

137

Or.7902 (36f.)

'Umdat al-ḥukkām wa-marja' al-quḍāh fī al-aḥkām

Begins: الحمد لله المحيط علماً بما لدينا

A metrical compendium of Hanafi law by Muḥibb al-Dīn ibn Taqī al-Dīn al-Ḥamawī (d.ca.981/1573), composed in 980/1572.

Copied in the 17th cent.

138

Or.11635 (311f.)
al-Maslak al-mutaqassiṭ fi al-mansak al-mutawassiṭ

Begins: الحمد لله الذي وضح المحجة بأوضح الحجة

A commentary by 'Alī ibn Sulṭān Muḥammad, called al-Qāri' al-Harawī (d.1014/1606), on *al-Mansak al-awsaṭ* by Raḥmat Allāh ibn 'Abd Allāh al-Sindī (d.993/1585), on the rites of the pilgrimage to Mecca according to the Hanafi school.

Copied in the 17th cent.

139

Or.11021 (f.2r-795r)
Minaḥ al-Ghaffār

Begins: إن أجدر ما افتتحت به الكتب والدفاتر وأحرى ما توجد به تصانيف الأوائل والأواخر حمد الله الذي رفع معالم الدين وأعلى مناره

A commentary, completed in 995/1587 by Muḥammad ibn 'Abd Allāh al-Khaṭīb al-Timurtāshī (d.1004/1595) on his own compendium of Hanafi law, *Tanwīr al-abṣār*. With a biographical notice of the author by one of his descendents Ṣāliḥ ibn Aḥmad al-Timurtāshī (d.ca.1127/1715) and a table of contents prefixed.

Copied in 1118/1707 with an illuminated *'unwān*, bound in gold painted leather covers with flap.

140

Or.13058 (402f.)
Imdād al-Fattāḥ sharḥ Nūr al-īḍāḥ wa-najāt al-arwāḥ

Begins: الحمد لله الذي خلق كل شيء بقدرته

The autograph copy of a commentary by Ḥasan ibn 'Ammār al-Shurunbulālī (d.1069/1659) on his own treatise on the obligations of Islam according to the Hanafi school.

Copied in 1046/1636, though the first folio is in a later hand.

141

Or.8947 (274f.)
Imdād al-Fattāḥ

Another copy in an 18th cent. hand.

142

Or.12536/1 (181f.)
Marāqī al-falāḥ

Begins: الحمد لله الذي شرف خلاصات عباده

Another, shorter commentary by al-Shurunbulālī on his own treatise, *Nūr al-īḍāḥ*, composed in 1054/1644.

Copied in 1181/1768, and bound in the original stamped covers with flap.

143

Or.7992 (f.2-71)
Majma' al-muhimmāt al-dīnīyah 'alá madhhab al-sādah al-Ḥanafīyah

Begins: الحمد لله رب العالمين... وبعد فلما رأيت قصور غالب الناس في طلب العلم...

A summary of Islamic ritual law in seven chapters (*kitāb*), composed in 1062/1652 by Mullā Ḥusayn ibn Iskandar (d.ca.1084/1673).

Copied in the 17th or 18th cent.

144

Or.11020 (430f.)
al-Fawā'id al-samīyah fī sharḥ al-Farā'id al-sanīyah

Begins: سبحان من سطر بقلم الاتقان على صفحات الاكوان

A commentary, composed between the years 1063/1652 and 1069/1658 by Muḥammad ibn Ḥasan al-Kawākibī (d.1096/1685) on his own metrical treatise on Hanafi law.

A neat copy, possibly an autograph judging by the colophon and a note on f.8r, dated 1063/1653 with an illuminated *'unwān*, preceded by a table of contents and bound in gold painted covers and flap.

145

Or.8463 (292f.)

Begins: كتاب السير تناسب الحدود والسير من حيث اتحاد المقصود من كل منهما

Part of an anonymous commentary on a compendium of Hanafi law, from *Kitāb al-siyar* to *Kitāb al-ḥawālah.*

Copied in the 18th cent.

146

Or.8519/1 (f.1r-119v)

A fragment from a compilation of Hanafi law, the first complete chapter being *al-Bāb al-sādis fī al-qirā'ah wa-sujūd al-tilāwah wa-sujūd al-sahw wa-sunan al-ṣalawāt.* Ends abruptly after the beginning of *al-Bāb al-sābi' fī ṣalāt al-jum'ah wa-al-'īdayn wa-al-janā'iz.* On f.120r-126r there follows another fragment on prayer, defective at the beginning.

Copied in the 18th or 19th cent.

147

Or.8581 (127f.)

Part of a commentary on a manual of Hanafi law, from *Kitāb al-'itq* to *Kitāb al-mīrāth.* Spaces have been left blank for the insertion of rubrics.

Copied in the 18th cent., with a gold-stamped binding.

THE BRANCHES OF MALIKI LAW

148

Or.9810 A (132f.)

al-Mudawwanah al-kubrá

Numerous vellum fragments from this seminal Maliki work, being the recension by 'Abd al-Raḥmān ibn Sa'īd, called Saḥnūn (d.240/854). It was based by Saḥnūn on the teachings of 'Abd Allāh ibn al-Qāsim al-'Utaqī (d.191/806), a prominent disciple of the founder of the Maliki school of jurisprudence, Mālik ibn Anas (d.179/795). The last two folios belong to another manuscript of the same age.

Copied by a 10th or 11th cent. hand.

149

Or.9810 B (57f.)

al-Mudawwanah al-kubrá

Miscellaneous 10th or 11th cent. fragments from the same recension, in Maghribī script on vellum.

150

Or.9810 C (19f.)

al-Mudawwanah al-kubrá

A vellum fragment dated 381/991, containing the second of two chapters on marriage (*Kitāb al-nikāḥ al-thānī*), wanting the first folio.

151

Or.9810 D (17f.)

al-Mudawwanah al-kubrá

A vellum fragment containing the second of two chapters on wills (*Kitāb al-waṣāyā al-thānī*), slightly defective at both ends.

Copied in the 10th or 11th cent.

152

Or.9810 E (20f.)
[al-Mudawwanah al-kubrá]

The chapter on vows (*Kitāb al-nudhūr*) from a vellum fragment, apparently from the above work.

Copy dated 394/1003.

153

Or.9845 (135f.)
al-Mu'lim bi-fawā'id kitāb Muslim

Vol.2 of an exposition by a Maliki jurist, Muḥammad ibn 'Alī al-Māzarī (d.536/1141), in the recension of Muḥammad ibn Sa'īd, called Ibn Zarqūn (d.586/1190), of points of law arising from Muslim's *al-Jāmi' al-ṣaḥīḥ*.

Copied in 625/1228.

154

Or.8939/1 (f.1r-171v)
Taqyīd 'alá Risālat Ibn Abī Zayd al-Qayrawānī

Begins: قال الشيخ ... قال أبو محمد ابن أبي زيد في رسالته رضي الله عنه بسم الله الرحمن الرحيم

The first half of a commentary by Yūsuf ibn 'Umar al-Anfāsī (d.761/1360) on *al-Risālah*, the well-known manual of Maliki law by 'Abd Allāh ibn 'Abd al-Raḥmān, called Ibn Abī Zayd (d.386/996).

Copied in 967/1560 in a Maghribi hand.

155

Or.9644 (2v. (228; 199f.))
Taqyīd 'alá Risālat Ibn Abī Zayd al-Qayrawānī

Another copy, its first volume in fine Andalusian Maghribī of the 16th cent., the second in a plain 17th cent. Maghribī hand. Two folios at the end of each volume are supplied in a modern hand. Both volumes are bound in stamped leather covers with flaps.

156

Or.8939/2 (f.172v-184r)

A fragment, differing from the commentary by al-Anfāsī, covering the first two chapters of the second part of *al-Risālah*, the well known manual of Maliki law by Ibn Abī Zayd (d.386/996). The text begins with *Bāb fī al-jihād*, ثم شرع رحمه الله في النصف الثاني فقال باب الجهاد أي هذا الباب أذكر فيه حكم الجهاد . (A note at the head of f.172v reads: من ابو الحسن الوسطي تحقيق الهداية.)

Copied in the 17th cent.

157

Or.13364 (45f.)

Fragments of a treatise copied by a 12th cent. Andalusian hand on vellum, now so faded as to be almost illegible.

158

Or.8943 (320f.)
Sharḥ Mukhtaṣar Khalīl

The last part of a commentary by Muḥammad ibn Aḥmad, called al-Ḥafīd ibn Marzūq (d.842/1438), on *al-Mukhtaṣar fī al-fiqh*, a treatise on Maliki law by Khalīl ibn Isḥāq (d.767/1374), from *Bāb al-jirāḥ* to the end.

Copied in 1000/1592.

159

Or.8327 (168f.)
Shifā al-ghalīl fī ḥall mukfil Mukhtaṣar al-Shaykh Khalīl

Begins: يقول الشيخ ... الحمد لله الذي منّ علينا بنعمته

الإسلام

Another commentary on the same by Muḥammad ibn Aḥmad, called Ibn Ghāzī (d.919/1513). The edges of the folios are worn at beginning and end.

Copied in the 15th or 16th cent.

160

Or.7887 (393f.)
Manḥ al-Qadīr

Begins: الحمد لله الذي فضل علماء الشريعة على من سواهم

The first half of a commentary on the same by Aḥmad ibn Muḥammad, called al-Dardīr (d.1201/1786).

Copied in the 18th or 19th cent.

161

Or.8705 (256f.)
Ḥaly al-ma'āṣim li-bint fikr Ibn 'Āṣim

Begins: الحمد لله الحكم العدل الذي لا معقب لحكمه

A commentary by Muḥammad ibn al-Ṭālib al-Tāwudī (d.1209/1795) on the metrical compendium of Maliki law entitled *Tuḥfat al-ḥukkām fī nukat al-'uqūd wa-al-aḥkām* by Muḥammad ibn Muḥammad, called Ibn 'Āṣim (d.829/1426).

Copied in 1265/1849 in a Maghribi hand, preceded by a table of contents, and retaining its stamped leather binding.

162

Or.8160 (203f.)

Part of a commentary on a manual of law, comprising chapters (*bāb*) subdivided by sections (*tanbīh*), from *Bāb al-hibah* (f.41r) to *Bāb fī aḥkām umm al-walad* (f.202r). *Bāb luqaṭat māl ma'ṣūm* (f.47r) begins: وهو ما لا يتصرف احد فيه بنفسه .

An 18th cent. copy in Maghribī script.

THE BRANCHES OF SHAFI'I LAW

163

Or.7796 (229f.)

Begins: كتاب الحدود مناسبته لكتاب الايمان من وجوه

A fragment from a copious commentary on a work of Shafi'i law. A note on f.1v reads: *Hādhā al-mujallad min Kitāb al-ḥudūd ilá Bāb al-taqrīr lil-Ṭaḥāwī*, referring possibly to *al-Jāmi' al-kabīr fī al-shurūṭ*, the monumental compendium of Aḥmad ibn Muḥammad al-Ṭaḥāwī (d.321/933). The manuscript is defective, ending abruptly in *Bāb al-qadhf* with *Bāb al-taqrīr* missing. Amongst the sources mentioned by the commentator are: Ibn 'Abd al-Salām, either 'Abd al-'Azīz (d.660/1262) or Muḥammad (d.749/1348); 'Uthmān ibn 'Umar, called Ibn al-Ḥājib (d.646/1249); and 'Alī ibn Aḥmad, called Ibn Ḥazm (d.456/1064).

Copied in the 14th cent.

164

Or.13332 (113f.)
Tuḥfat al-ṭullāb bi-sharḥ Taḥrīr Tanqīḥ al-Lubāb

A commentary by Zakarīyā ibn Muḥammad al-Anṣārī (d.926/1520) on his own compendium of Shafi'i law, which is itself an epitome of *Tanqīḥ al-Lubāb*, an abridgement by Aḥmad ibn 'Abd al-Raḥīm, called Ibn al-'Irāqī (d.826/1423), of *Lubāb al-fiqh* by Aḥmad ibn Muḥammad, called Ibn al-Maḥāmilī (d.415/1023). Defective at the beginning.

Copied in 922/1516. Two marginal notes in different hands state that this manuscript was collated with the autograph.

165

Or.8517 (149f.)
Tuḥfat al-ṭullāb

Begins: قال سيدنا... ابو يحيى زكريا الانصاري...

الحمد لله الذي فقه في دينه من اصطفاه من الانام

A complete copy in a 17th cent. hand.

166

Or.8994 (168f.)
al-Aḥkām al-sulṭānīyah

Begins: الحمد لله الذي اوضح لنا معالم الدين ومنّ

علينا بالكتاب المبين

A work in twenty chapters by 'Alī ibn Muḥammad al-Māwardī (d.450/1058) relating to laws on how to govern.

Copied in 567/1172.

167

Or.8938 (101f.)
al-Mudhahhab fī al-madhhab

The latter part only of a manual of Shafi'i law by Ibrāhīm ibn 'Alī al-Shīrāzī (d.476/1083), from *Bāb al-diyāt* of *Kitāb al-jināyāt* to the end.

Copied in 540/1145.

168

Or.8942 (155f.)
Ghunyat al-faqīh

Pt.2, from *Kitāb al-nikāḥ* to *Kitāb al-shahādāt*, of a commentary by Sharaf al-Dīn Aḥmad ibn Mūsá al-Irbilī (d.622/1225) on *al-Tanbīh fī al-fiqh* by Ibrāhīm ibn 'Alī al-Shīrāzī (d.476/1083).

Copied in 682/1283.

169

Or.7794 B (101f.)
Tadhkirat al-nabīh fī Taṣḥīḥ al-Tanbīh

Begins: الحمد لله رب العالمين ... وبعد فإن تصحيح

التنبيه للشيخ الإمام العلامة محيي الدين النووي

Glosses by 'Abd al-Raḥīm ibn al-Ḥasan al-Isnawī (d.772/1370) on *Taṣḥīḥ al-Tanbīh*, Yaḥyá ibn Sharaf al-Nawawī's commentary on the same manual law by Ibrāhīm ibn 'Alī al-Shīrāzī (d.476/1083).

Collated in 851/1447.

170

Or.9125 (189f.)
Hādī al-nabīh ilá tadrīs al-Tanbīh

Pt.3, from *Bāb mā yaḥrumu min al-nikāḥ* to *Bāb al-ḥaḍānah* of *Kitāb al-nafaqāt*, of a commentary by 'Umar ibn 'Alī, called Ibn al-Mulaqqin (d.804/1401), on al-Shīrāzī's *al-Tanbīh fī al-fiqh.*

Copied in the 14th cent.

171

Or.14332 (247f.)
al-Sharḥ al-ṣaghīr

Pt.2 only, beginning *Kitāb ṣalāt al-'īdayn* and ending *Kitāb al-bay'*, of an abridgement by 'Abd al-Karīm ibn Muḥammad al-Rāfi'ī (d.623/1226) of *Fatḥ al-'Azīz fī sharḥ al-Wajīz*, his own commentary on a compendium of Shafi'i law by Abū Ḥāmid Muḥammad ibn Muḥammad al-Ghazālī (d.505/1111).

A 15th cent. copy with blind-tooled leather covers.

172

Or.11319 (177f.)
Mushkil al-Wasīṭ

Vol.1 only, to the end of *Kitāb al-zakāh*, of an explanation by 'Uthmān ibn 'Abd al-Raḥmān, called Ibn al-Ṣalāḥ (d.643/1245), of the difficult passages in al-Ghazālī's compendium of Shafi'i law, *al-Wasīṭ*. Defective at the beginning.

Copied in the 13th cent., and bound in stamped leather covers.

173

Or.8951 (224f.)
al-Ghāyah al-quṣwá fī dirāyat al-fatwá

Begins: الحمد لله الذي أبدع الخلق وأعاد ورفع الحق

An abridgement and critique of al-Ghazālī's *al-Wasīṭ* by 'Abd Allāh ibn 'Umar al-Bayḍāwī (d.685/1286).

Copied in 705/1305, with the original tooled leather covers pasted inside new boards.

174

Or.9303 (f.3-171)
al-Hādī

Begins: الحمد لله رب العالمين ... أما بعد فقد التمس منّي بعض الأعزّة عليّ من المختلفة إليّ أن أجمع مختصراً في المذهب

A work on the branches of Shafi'i law by Mas'ūd ibn Muḥammad al-Nīsābūrī (d.578/1183).

Copied in the 15th cent.

175

Or.12097 (69f.)
Kifāyat al-akhyār

Begins: الحمد لله الذي فلق الموجودات من ظلمة العدم بنور الايجاد

A commentary by Taqī al-Dīn Abū Bakr ibn Muḥammad al-Ḥiṣnī (d.829/1426) on *Ghāyat al-ikhtiṣār* by Aḥmad ibn al-Ḥusayn al-Iṣfahānī (d.593/1197).

Copied in the 15th cent.

176

Or.9589/1 (f.1r-9v)
'Umdat al-nuẓẓār fī taṣḥīḥ Ghāyat al-ikhtiṣār

Begins: قال شيخنا ... الحمد لله على أفضاله والصلاة والسلام على سيدنا محمد وآله وبعد فهذا ما لخصته من تصحيحي

Corrections by Abū Bakr ibn 'Abd Allāh, called Ibn Qāḍī 'Ajlūn (d.928/1522), to the same manual of Shafi'i law by Abū Shujā' (i.e. Aḥmad ibn al-Ḥusayn al-Iṣfahānī, d.593/1197).

Copied in 890/1485.

177

Or.7896 (261f.)
al-Iqnā' fī ḥall alfāẓ Abī Shujā'

Begins: الحمد لله الذي نشر للعلماء أعلاماً وثبت لهم على الصراط المستقيم أقداماً

The first half only, extending to the end of *Kitāb al-buyū'*, of a commentary by Muḥammad ibn Aḥmad, called al-Khaṭīb al-Shirbīnī (d.977/1570), on *Ghāyat al-ikhtiṣār*.

Copied in the 17th cent.

178

Or.7897/1 (f.1r-311r)
al-Iqnā' fī ḥall alfāẓ Abī Shujā'

Pt.2 of the same commentary, from *Kitāb al-buyū'* to the end. This is followed (f.312r-313v) by a fragment on the making of *kuḥl* and a collection of theological and legal dicta.

Copied in 1102/1691.

179

Or.9403 (186f.)
Sharḥ al-Ḥāwī al-ṣaghīr

Begins: ... الحمد لله باعث الرسل وموضح السبل ومؤيد الإسلام

The first quarter (*rub'*) of a commentary by 'Alī ibn Ismā'īl al-Qūnawī (d.729/1329) on a manual of Shafi'i law by 'Abd al-

Ghaffār ibn ʻAbd al-Karīm al-Qazwīnī (d.665/1266). The first two folios are torn.

Copied in the 16th cent.

180

Or.9824 (169f.)

Irshād al-ghāwī fī masālik al-Ḥāwī

Begins: الحمد لله الذي لا تحصى مواهبه ولا تنفد عجائبه

An abridgement by Ismāʻīl ibn Abī Bakr, called Ibn al-Muqri' (837/1433), of ʻAbd al-Ghaffār al-Qazwīnī's *al-Ḥāwī al-ṣaghīr*. With marginal and interlinear annotations.

Copied in 864/1459, bound in tooled leather.

181

Or.9066 (13f.)

al-Daqā'iq

Begins: الحمد لله رب العالمين... اما بعد فهذا الكتاب فيه شرح دقائق ألفاظ المنهاج

Glosses by Yaḥyá ibn Sharaf al-Nawawī (d.676/1277) on the differences in terminology between his own *Minhāj al-ṭālibīn* and *al-Muḥarrar* by ʻAbd al-Karīm ibn Muḥammad al-Rāfiʻī (d.623/1226).

Copied in 708/1308.

182

Or.7797 (22f.)

al-Daqā'iq

Another undated copy of the 14th cent.

183

Or.9581/1 (f.2r-115r)

Tuḥfat al-muḥtāj ilá adillat al-Minhāj

Begins: الحمد لله على إحسانه و إنعامه وإرشاده للقيام بالسنّة وإلهامه

A collection of traditions by ʻUmar ibn ʻAlī, called Ibn al-Mulaqqin (d.804/1401), arranged to form a commentary on al-Nawawī's manual of Shafiʻi law, *Minhāj al-ṭālibīn*.

Copied in the 15th cent.

184

Or.9401 (187f.)

al-Najm al-wahhāj fī sharḥ al-Minhāj

A fragment from a commentary by Muḥammad ibn Mūsá al-Damīrī (d.808/1405) on al-Nawawī's *Minhāj al-ṭālibīn*, covering the latter half of pt.2, from *Kitāb al-wakālah* to the end of *Kitāb al-juʻālah*.

Copied in 853/1449.

185

Or.8126 (2 v. (179, 211f.))

Ḥāshiyah ʻalá sharḥ al-Manhaj

Begins: حمدا لمن منّ بإيضاح منهج التوفيق بانوار البيان

Glosses by Muḥammad ibn Aḥmad al-Shawbarī (d.1069/1659) on *Fatḥ al-Wahhāb*, a commentary by Zakarīyā ibn Muḥammad al-Anṣārī (d.926/1520) on *Manhaj al-ṭullāb*, his own abridgement of al-Nawawī's *Minhāj al-ṭālibīn*.

Copied betwen 1100/1689 and 1101/1690.

186

Or.9583/3 (f.133r-213r)

Jawāhir al-baḥrayn fī tanāquḍ al-ḥabrayn

Begins: الحمد لله مانح أسباب الفضل ومبيح العطاء

An exposition by ʻAbd al-Raḥīm ibn al-Ḥasan al-Isnawī (d.772/1370) of the legal points at issue between the two Shafiʻi jurists, al-Rāfiʻī (d.623/1226) and al-

Nawawī (d.676/1277).
Copied in 757/1356.

187

Or.9395 (189f.)
Ghāyat al-iḥkām fī al-aḥādīth wa-al-aḥkām

Pt.3 of a treatise by Muḥibb al-Dīn Aḥmad ibn 'Abd Allāh al-Ṭabarī (d.694/1295) on Shafi'i law, extending from *Bāb ṣalāt al-musāfir* of *Kitāb al-ṣalāh* to *Bāb ṣadaqat al-taṭawwu'* of *Kitāb al-zakāh.*

Copied in the 13th cent.

188

Or.14334 (259f.)
al-Majmū' al-mudhahhab fī qawā'id al-madhhab

Begins: الحمد لله الفاتح ابواب المعارف لطالبها

A work by Ṣalāḥ al-Dīn Khalīl ibn Kaykaldī al-'Alā'ī (d.721/1359) on Shafi'i law, composed in 757/1356. Preceded by a table of contents.

Copied in 860/1456, with blind-tooled, gold-dotted leather covers with flap.

189

Or.9069 (201f.)
'Ujālat al-tanbīh

The second half only of a manual of Shafi'i law by 'Umar ibn 'Alī, called Ibn al-Mulaqqin (d.804/1401), beginning with *Kitāb al-nikāḥ* and breaking off in *Kitāb al-jizyah.* Slightly defective at the end.

Copied in the 15th cent.

190

Or.12046 (89f.)
Taḥrīr al-aḥkām fī tadbīr ahl al-Islām

Begins: الحمد لله على نعمه الباطنة والظاهرة

A manual of the Shafi'i law of government and war by Muḥammad ibn Abī Bakr, called Ibn Jamā'ah (d.819/1416), divided into seventeen chapters (*bāb*), based on an earlier work by an unnamed physician and philosopher, who later became a cadi before dying in 638/1241.

Copied in 794/1391.

191

Or.12583 (75f.)
'Unwān al-sharaf al-wāfī fī al-fiqh wa-al-naḥw wa-al-tārīkh wa-al-'arūḍ wa-al-qawāfī

Begins: الحمد لله ولي الحمد ومستحقه

A treatise on Shafi'i law by Ismā'īl ibn Abī Bakr, called Ibn al-Muqri' (d.837/1433), so contrived that four other works may be read out of it, namely on grammar, on the Rasūlid dynasty in Yemeni history, on prosody, and on rhyme.

Copied in 1092/1681.

192

Or.11299 (73f.)
'Unwān al-sharaf al-wāfī

A late 18th cent. copy, bearing a *waqf* stamp of Walī al-Dīn Pāshā dated 1223/1808

193

Or.8345 (489f.)
al-Ashbāh wa-al-naẓā'ir

Begins: سبحان المتنزه عن الاشباه والنظائر والحمد لله
المتفضل بغفران الكبائر والصغائر

A compendium of Shafi'i law by 'Abd al-Raḥmān ibn Abī Bakr al-Suyūṭī (d.911/1505).

Copied in 1105/1693.

194

Or.9189 (108f.)
al-Fatḥ al-mannān bi-sharḥ Mukhtaṣar al-Shaykh 'Alwān

Begins: الحمد لله الذي جعل الفقه مميزا بين الحلال

والحرام

A commentary by Ni'mat Allāh al-Wattār on an abridgement by the Shafi'i scholar 'Alī ibn 'Aṭīyah al-Ḥamawī, called 'Alwān (d.936/1530), of his own work entitled *Miṣbāḥ al-hidāyah wa-miftāḥ al-wilāyah.*

Copied in the 17th or 18th cent.

195

Or.14369 (209f.)
al-Mīzān al-Sha'rānīyah

Begins: الحمد لله الذي جعل الشريعة المطهرة بحراً

يتفرع منه جميع بحار العلوم النافعة

A manual of Shafi'i law by 'Abd al-Wahhāb ibn Aḥmad al-Sha'rānī (d.973/1565).

Copied in 1086/1695.

196

Or.9420 (22f.)
al-'Iqd al-mudhahhab fī ṭalā'i' al-madhhab

Begins: قال ابن حماد عفي الله

عما تعدى فيه واجتراه

A metrical treatise on Shafi'i law in 789 verses by Jamāl al-Dīn Yūsuf ibn Ḥammād al-Shāfi'ī.

Copied in the 17th cent.

197

Or.8859 (323f.)

Begins: الحمد لمن هدانا الى طريق الاسلام

An anonymous commentary on a manual of Shafi'i law. The final chapter is called *Kitāb ummahāt al-awlād.*

Copied in the 18th cent.

198

Or.11632 (221f.)

A fragment, from *Kitāb al-bay'* to *Kitāb al-ju'ālah*, of an anonymous manual of Shafi'i law; both al-Subkī and al-Rāfi'ī are mentioned amongst its sources. This volume was originally in the possession of the so-called "Mad Mullah", the Somali leader, Muḥammad ibn 'Abd Allāh Ḥassān al-Mahdī (d.1339/1920). It was taken from his house at Mogadishu after his defeat in 1920 at the hands of the British Army.

Copied in the late 19th cent., and bound in Sudanese-style blind-tooled leather covers with flap.

THE BRANCHES OF HANBALI LAW

199

Or.9396 (311f.)
al-Mughnī

Vol.9, from *Kitāb al-aḍāḥī* to *Kitāb 'itq ummahāt al-awlād*, being the last of this lengthy commentary by 'Abd Allāh ibn Aḥmad, called Ibn Qudāmah (d.620/1223), on *al-Mukhtaṣar fī al-fiqh* by 'Umar ibn al-Ḥusayn al-Khiraqī (d.334/945).

Copied in 731/1331.

200

Or.9398 (162f.)
Sharḥ al-Khiraqī

Vol.2, from *Kitāb al-waṣāyā* to the end, of a commentary by Muḥammad ibn Bahādur al-Zarkashī (d.794/1392) on the same manual of Hanbali law by al-Khiraqī as the preceding.

Copied in 851/1447.

201

Or.8941 (88f.)
al-Mustaw'ab fī al-fiqh

Vol.2 only of a manual of Hanbali law by Muḥammad ibn 'Abd Allāh, Ibn Sunaynah (d.616/1219), from *Kitāb al-nikāḥ* to *Kitāb al-nafaqāt*, ending with the section *Bāb man aḥaqq bi-kafālat al-ṭifl*. Defective at the end.

Copied in a 14th cent. hand.

202

Or.11671 (173f.)
al-Kāfī fī al-furū'

Vol.2 of a handbook of Hanbali law by 'Abd Allāh ibn Aḥmad, called Ibn Qudāmah (d.620/1223), from *Bāb al-rujū' fī al-waṣīyah* to the end.

Copied in 705/1306.

203

Or.11670 (239f.)
al-Kāfī fī al-furū'

Begins: ... الشيخ ... الحمد لله ..ـد القهار الغني الغفار عالم خفيات الاسرار

Vol.1 of the same compendium of Hanbali law, to the end of *Bāb al-hibah*.

Copied in 790/1388. The first folio is badly damaged.

AN UNSPECIFIED SUNNI WORK ON THE BRANCHES OF LAW

204

Or.12793/1 (f.2v-56r)
'Unwān al-faḍl wa-ṭirāz malik al-'adl

Begins: الحمد لله الواحد الذي وجب له الحمد في الاولى والآخرة

A manual of Sunni law composed by Abū 'Abd Allāh Muḥammad ibn Abī Rūḥ 'Isá al-Rashīdī in 939/1533, and written in such a way that certain words are picked out in red in three columns to form the text of three other tracts on history, theology and logic. The author's name and the date of composition are inscribed in single, unjoined letters within concentric circles as a colophon.

Copied in the 17th or 18th cent.

THE BRANCHES OF SHIITE LAW

205

Or.8332 (198f.)
Man lā yaḥḍuruhu al-faqīh

Pt.1 only of this compendium of Shiite law, based largely on Hadith, by Muḥammad ibn 'Alī, called Ibn Bābawayh al-Qummī (381/991), from *Bāb ṣifat wuḍū' Rasūl Allāh* to *Thawāb nawādir al-ṣalāh*. The first complete section is *Bāb ṣifat wuḍū' Amīr al-Mu'minīn.*

Copied in 652/1254. Defective at the beginning.

206

Or.10962 (200f.)
al-Mabsūṭ fī al-fiqh

Pt.1 of a treatise on Shiite law by Abū Ja'far Muḥammad ibn al-Ḥasan al-Ṭūsī (d.460/1067), ending with *Kitāb qismat al-fay' wa-al-ghanā'im*. Wanting the first folio.

Copied in 600/1203, though f.147-194 are supplied for the most part in a 14th century hand.

207

Or.8333 (261f.)
Sharā'i' al-Islām fī masā'il al-ḥalāl wa-al-ḥarām

Begins: اللهم إني احمدك حمدا يقل في انتشاره حمد كل حامد

A manual of Shiite law by Ja'far ibn al-Ḥasan, called al-Muḥaqqiq al-Ḥillī (d.676/1277). The work was completed, according to a note on f.261r, in 662/1264. With copious marginal notes to the first half.

Copied in the 14th cent.

208

Or.8465 (164f.)
al-Nāfiʿ fī mukhtaṣar al-Sharāʾiʿ

Begins: الحمد لله الذي صغرت في عظمته عبادة العابدين

An abridgement by al-Muḥaqqiq al-Ḥillī of his above-mentioned work, *Sharāʾiʿ al-Islām.*

Copied in 1016/1607.

209

Or.7823 (151f.)
al-Nāfiʿ fī mukhtaṣar al-Sharāʾiʿ

Another copy of the above abridgment, given the variant title *Mukhtaṣar al-Nāfiʿ* on the flyleaf.

Copied by Riḍā Qulī Karbalāʾī ibn Malik ʿAlī Karbalāʾī in 1057/1647.

210

Or.8527 (182f.)
al-Nāfiʿ fī mukhtaṣar al-Sharāʾiʿ

Another copy in several 18th and 19th cent. hands.

211

Or.7813 (331f.)
al-Mudhahhab al-bāriʿ fī sharḥ mukhtaṣar al-Sharāʾiʿ

Begins: الحمد لله المتفرد بالقدم والكمال

A commentary by Aḥmad ibn Muḥammad, called Ibn Fahd (d.841/1437), on the above abridgement of the *Sharāʾiʿ al-Islām.*

Copied in 1040/1631.

212

Or.7824 (155f.)
Ḍiyāʾ al-lāmiʿ fī sharḥ al-mukhtaṣar al-Nāfiʿ

Begins: الحمد لله الخالق البارئ المصور العليم الحكيم

An anonymous commentary on the above abridgement by al-Muḥaqqiq al-Ḥillī.

Copied in the 18th cent.

213

Or.7812 A (198f.)
Masālik al-afhām fī tanqīḥ Sharāʾiʿ al-Islām

Vol.4, from *al-Qism al-thānī fī al-nikāḥ al-muqaṭṭaʿ* to the end of *Kitāb al-ṭalāq*, of a commentary by Zayn al-Dīn ibn ʿAlī, called al-Shahīd al-Thānī (d.966/1559), on *Sharāʾiʿ al-Islām.* The task of composition was completed in 963/1556.

Copied in 967/1559.

214

Or.8344 (282f.)
Masālik al-afhām

Another copy, from *Kitāb al-nikāḥ* to *Kitāb al-nudhūr*, made between 973 and 974/1566.

215

Or.7812 B (259f.)
Masālik al-afhām

Pts.2-3 of another copy, from *Kitāb al-tijārah* to *Kitāb al-nikāḥ*, of the same commentary.

Copied in 1012/1603. The last four folios contain a fragment, *Bāb al-riḍāʿ*, from another work copied by a 19th cent. hand.

216

Or.8124 (154f.)
Masālik al-afhām

A fragment from another copy dated 1063/1653, from *Kitāb al-ṣayd* to *Kitāb al-farā'iḍ*.

217

Or.8340 (475f.)
Masālik al-afhām

About a third of another copy, extending from *Kitāb al-wuqūf wa-al-ṣadaqāt* to *Kitāb al-li'ān*. The opening words of the complete work have been prefixed in a later hand.

Copied in the 18th cent.

218

Or.14156 (218f.)
Irshād al-adhhān ilá aḥkām al-īmān

Begins: الحمد لله المتفرد بالقدم والدوام المتنزه عن مشابهة الاعراض والاجسام

A manual of law by al-Ḥasan ibn Yūsuf, called Ibn al-Muṭahhar al-Ḥillī (d.726/1325), copiously annotated.

Copied in 1080/1669.

219

Or.8336 (114f.)
Irshād al-adhhān ilá aḥkām al-īmān

Another copy dated 1080/1670.

220

Or.8335 (300f.)
Irshād al-adhhān ilá aḥkām al-īmān

Another copy in a 17th cent. hand.

221

Or.8407 (316f.)
Majma' al-fā'idah wa-al-burhān fī sharḥ Irshād al-adhhān

Begins: قوله كتاب الزكوة الخ اعلم ان ما اراد بالزكوة ما هو المتعارف...

A commentary by Aḥmad ibn Muḥammad al-Ardabīlī (d.993/1585) on four sections only (*zakāh, ṣawm, ḥajj*, and *jihād*) of the above work.

Copied in the 18th cent., and bound in gold-stamped covers.

222

Or.8403 (281f.)
Qawā'id al-aḥkām fī ma'rifat al-ḥalāl wa-al-ḥarām

Begins: الحمد لله على سوابغ النعماء وترادف الآلاء

Another work by Ibn al-Muṭahhar al-Ḥillī on the branches of Shiite law.

Copied in two parts, the first in 891/1486 and the second in 895/1490.

223

Or.8341 (183f.)
Qawā'id al-aḥkām

Pt.1 only of a later copy, containing the first twelve books to *Kitāb al-wuqūf*.

Copied in 1068/1658.

224

Or.8408 (262f.)
Qawā'id al-aḥkām

Begins: الحمد لله كما هو اهله رب العالمين

A fragment from another copy, with a different first line, comprising the first six sections (*maqṣad*), and part of the seventh, from *Kitāb al-ṭahārah*.

Copied in 1202/1788.

225

Or.7809 (440f.)
Jāmi' al-maqāṣid

Kitāb al-waqf wa-al-'aṭāyā, being the last section of the first half of this commentary on the above work, *Qawā'id al-aḥkām*, completed by 'Alī ibn 'Abd al-'Alī al-Karakī (d.937/1531) in 928/1522.

Copied in the 17th cent.

226

Or.7810 (224f.)

Jāmi' al-maqāṣid

A continuation of the above commentary, mostly in the same hand as the preceding volume, with the larger part of *Kitāb al-nikāḥ*, the first section of the second half of the work.

Copied in the 17th cent.

227

Or.8329 (178f.)

Taḥrīr al-aḥkām al-shar'īyah

Pts.3-4 of a third manual of Imami Shiite law by Ibn al-Muṭahhar al-Ḥillī, from *Kitāb al-firāq* to *Kitāb al-diyāt*.

Copied in 721/1321.

228

Or.8405 (267f.)

Taḥrīr al-aḥkām al-shar'īyah

Pts.1-2 only of an 18th cent. copy of the above, from *Kitāb al-ṭahārah* to *Kitāb al-hibāt*, though defective at the beginning. The first complete section is *al-Faṣl al-thanī fī ādāb al-khalwah.*

229

Or.9854 (475f.)

Muntahá al-maṭlab fī taḥqīq al-madhhab

Begins: الحمد لله المتفضل فلا يبلغ مدحته الحامدون

A fragment from a longer treatise by Ibn al-Muṭahhar al-Ḥillī, breaking off at the start of the fifth book, *Kitāb al-ḥajj*. Pt.1 was composed in 682/1283, according to its colophon (f.143r).

Copied between 1003/1595 and 1005/1597.

230

Or.12618 (172f.)

al-Maqāṣid al-'alīyah fī al-fiqh

Begins: الحمد لله الذي شرع فرائض الصلوة

A commentary by Zayn al-Dīn ibn 'Alī, called al-Shahīd al-Thānī (d.966/1559), on *al-Durrah al-alfīyah*, a treatise on ritual prayer, by Muḥammad ibn Makkī, called al-Shahīd al-Awwal (d.786/1384). The last folios are missing.

Copied in the 19th cent.

231

Or.11028 (225f.)

Kashf al-rumūz al-khafīyah min sharḥ al-Rawḍah al-bahīyah

Begins: كتاب الطهارة قوله والمراد منه الطاهر في
نفسه إلى قوله في هذا الباب

Approximately half of this gloss by Muḥammad ibn al-Ḥasan (d.1030/1621), called in this copy "*ṣāḥib al-Ma'ālim*", on the commentary by al-Shahīd al-Thānī on *al-Lum'ah al-Dimashqīyah* by al-Shahīd al-Awwal. This copy ends abruptly at the beginning of *Kitāb al-ḍamān.*

An 18th cent. copy with its introduction obscured by a pasted sheet on which is inscribed the title.

232

Or.7825 (436f.)

al-Zahrah al-dhawīyah bi-sharḥ al-Rawḍah al-bahīyah

Begins: الحمد لله الذي نوّر روضة الدين البهية الزاهرة

Another, later gloss on *al-Rawḍah al-bahīyah* by 'Alī Zayn al-Dīn ibn Muḥammad (d.1103/1692), completed according to the colophon in 1075/1665.

Copied in 1107/1696.

233

Or.7827 (133f.)
Ḥāshiyat sharḥ al-Lum'ah

Begins: نحمدك يا إلهي ونصلي على محمد الهادي

Glosses, attributed on a slip attached to the cover to Shaykh Ja'far, i.e. Qiwām al-Dīn Ja'far ibn 'Abd Allāh al-Ḥuwayzī (d.1115/1703), on *al-Lum'ah al-Dimashqīyah* by al-Shahīd al-Awwal.

Copied in the late 17th cent.

234

Or.11027 (285f.)
al-Rawḍah al-bahīyah fī sharḥ al-Lum'ah al-Dimashqīyah

Begins: الحمد لله الذي شرع صدورنا بلمعة من شرائع الاسلام

Pt.1 of an autograph draft by Muḥammad Hāshim ibn Muḥammad Ṣāliḥ of a commentary on al-Shahīd al-Awwal's compendium of Shiite law, ending with *Kitāb al-musāqāh*. Although the title resembles that of al-Shahīd al-Thānī's commentary mentioned above, the present work is quite different.

Copied in 1241/1826, and bound in painted leather covers.

235

Or.8543 (78f.)
Nukhbah wajīzah fī al-ḥikmah al-'amalīyah wa-al-aḥkām al-shar'īyah

Begins: الحمد لله الذي اوضح بأئمّة الهدى من اهل بيت النبوة عن دينه القويم

A short treatise on religious observances in Shiite law by Muḥammad ibn Murtaḍá, called Fayḍ al-Kāshī (d.1090/1679).

Copied in the 18th or 19th cent.

236

Or.8343 (237f.)
Mafātīḥ al-sharā'i'

Begins: الحمد لله الذي هدانا لدين الاسلام وسنّ لنا الشرائع والاحكام

Another work by Fayḍ al-Kāshī, composed in 1042/1633, and giving emphasis to the traditions of the Prophet Muhammad and the twelve Shiite Imams.

Copied in 1254/1838 in Shiraz.

237

Or.8323 (550f.)
al-Wāfī

Pts.6-9 of a lengthy manual of Shiite law by Fayḍ al-Kāshī, extending from *Kitāb al-zakāh wa-al-khums wa-al-mabarrāt* to *Kitāb al-ḥisbah wa-al-ḥudūd wa-al-aḥkām.*

Copied in the 19th cent.

238

Or.8462 (127f.)

Begins: كتاب الخمس وهو حق الله تعالى يثبت لبني هاشم عوض الزكوة بالكتاب والسنة

An anonymous, probably Shiite, commentary on part of a legal treatise, comprising *Kitāb al-khums, Kitāb al-ṣawm, Kitāb al-i'tikāf, Kitāb al-ḥajj*, and *Kitāb al-jihād*. Of the sources of this work, those mentioned on f.1v are: al-Ṭabarsī, *ṣāḥib al-Kanz*, and al-Shāfi'ī. Inscribed on all three edges of the book is the phrase *Min al-Riyāḍ*.

Copied in the 18th or 19th cent.

239

Or.7821 (438f.)
Bahr al-haqā'iq fī ma'rifat al-rumūz al-daqā'iq

Begins: الحمد لله الذي فجر لنا ينابيع بحر الحقائق

A treatise on Shiite law by Muḥammad Ibrāhīm ibn al-Ḥusayn al-Ḥusaynī al-Ḥasanī. The work remains incomplete, having apparently never been finished.

Copied in the 18th cent.

240

Or.8324 (304f.)
Manāhil al-aḥkām

Begins: الحمد لله رب العالمين والصلوة والسلام على خير خلقه محمد وآله الطاهرين

A compendium of Shiite law, composed in 1235/1820 by Muḥammad ibn 'Alī al-Ṭabāṭabā'ī (d.1242/1826), comprising books (*kitāb*) subdivided by chapters (*manhal*).

Copied in 1245/1829.

241

Or.8532 (71f.)
Manāsik janāb al-Shaykh Muṣallī

Begins: الحمد لله الذي برأ الانام وعرفهم ما يلزمهم من مهمات الاحكام

A draft copy of a Shiite manual on the rites to be observed by pilgrims to Mecca. The author is referred to simply as *al-Shaykh Muṣallī*.

Copied in 1249/1833.

THE BRANCHES OF ZAYDI LAW

242

Or.9584/4 (f.28v-41v)
al-Riyāḍ al-wardīyah wa-al-nafaḥāt al-miskīyah fī al-masā'il al-furū'īyah al-shar'īyah

Begins: وهذه المسائل التي كان الشيخ ... النجراني سأله عليه السلام عنها في مدة إقامته عليه السلام بصعدة

Answers by 'Aṭīyah ibn Muḥammad al-Najrānī (d.665/1267) to various questions on points of Zaydi law said in the introduction to be different from those asked of him in 652/1254.

Copied in 1074/1664.

243

Or.8402 (175f.)
Hidāyat al-afkār ilá ma'ānī al-Azhār

Begins: الحمد لله رب العالمين التقليد في مسائل الفروع العملية القطعية والظنية جائز لغير مجتهد

A commentary by Ibrāhīm ibn Muḥammad al-Wazīrī (d.914/1508) on a well known textbook of Zaydi law by Aḥmad ibn Yaḥyá, called al-Mahdī li-Dīn Allāh (d.840/1437), *al-Azhār fī fiqh al-a'immah al-akhyār*.

Copied in 1035/1723.

SUNNI CONTROVERSY

244

Or.8250 (223f.)
Ru'ūs al-masā'il

Begins: الحمد لله رب العالمين ... مسئلة يجوز إزالة النجاسة بمائع

A classified collection by Abū Ya'lá Muḥammad ibn al-Ḥusayn (d.458/1066) of Hanbali legal prescriptions which are rejected by the other schools of law. The last six pages contain hadiths.

Copied in 726/1326.

245

Or.11019 (201f.)
Sharḥ Mukhtalif al-riwāyah

Begins: الحمد لله المتعزز بذاته المتقدس باسمائه وصفاته

A commentary by al-'Alā' Muḥammad ibn 'Abd al-Ḥamīd al-Usmandī (d.552/1157) on 'Umar ibn Muḥammad al-Nasafī's *al-Manẓūmah fī al-khilāfīyāt.*

Copied by a 13th or 14th cent. hand.

246

Or.14335 (262f.)
Ḥaqā'iq al-Manẓūmah

Begins: الحمد لله الاحد بذاته الواحد بصفاته

A commentary by Maḥmūd ibn Muḥammad al-Ifsinjī (d.671/1272) on al-Nasafī's above-named treatise.

A holograph copy, produced in the author's home town of Bukhara in 666/1268, bound in blind-tooled leather covers.

247

Or.11180 (223f.)
Ḥaqā'iq al-Manẓūmah

Another copy by a 14th cent. hand.

248

Or.8328 (176f.)
Multaqá al-biḥār min muntaqá al-aḥbār

Begins: بسم الله الرحمن الرحيم واحمده على بدائع كرمه المتوافرة

The first half of a commentary by Muḥammad ibn Maḥmūd al-Zawzānī (fl.699/1300) on al-Nasafī's *Manẓūmah fī al-khilāfīyāt.*

An important copy made during the author's own lifetime in 697/1297.

249

Or.9399 (178f.)
[Ikhtilāf al-'ulamā']

Pt.2 only of a work by the Hanbali scholar, Yaḥyá ibn Muḥammad ibn Hubayrah (d.560/1165), on differences of opinion between two of the four great jurists. The copy is defective at the beginning, containing only part of *Kitāb al-shuf'ah* through to *Bāb al-'aṭāyā wa-al-ṣadaqāt wa-al-ḥubs* of *Kitāb al-ijārāt*. This last section (*Bāb al-'aṭāyā*) begins: ما دخل في ذلك من الكتاب السانية (كذا) قال الشافعي رضي الله عنه يجمع ما يعطي الناس من اموالهم ثلاثة وجوه.

Copied in a 13th or 14th cent. hand.

250

Or.8955 (247f.)
al-Intiṣār

An anonymous fragment, beginning in *Masā'il al-ṣawm* to the end of *Masā'il al-hibah*, apparently comparing Hanbali opinions with those of the Hanafi school.

Copied in 574/1179.

251

Or.11183/1 (f.2v)
Sharḥ al-Fuṣūl fī 'ilm al-khilāf

Begins: إلهمنا اللهم بجلالك الاستضاءة بأنوارك

One page only from the beginning of an anonymous commentary on a work by Shams al-Dīn Muḥammad al-Samarqandī (d.600/1204), called here *ṣāḥib al-Ṣaḥā'if* (*al-Ṣaḥā'if* being his qur'ānic commentary).

Copied in the 15th cent.

252

Or.8331 (236f.)

Vol.2, pts. 33-41, of a work on conflict of law between the four Sunni schools.

From *Bāb al-masḥ ʻalá khuffayn* (f.1v) beginning, اما المسح على الخفين فاختلف علماء الشريعة فيه, to a section entitled *Faṣl - bal waṣl - fī irtibāṭ ṣalāt al-ma'mūm bi-ṣalāt al-imām fī al-ṣiḥḥah wa-al-buṭlān.* The volume is defective at the beginning and is incorrectly collated in places.

Copied in 636/1239.

253

Or.8936 (200f.)

Mukhtalif al-aṣḥāb

Pt.4 of a Hanafi work on legal difficulties, from *Faṣl fī arsh janīn al-amah* to *Masā'il al-waqf* in *Kitāb al-hibah*, attributed on the flyleaf to al-Jurjānī. Defective at the end. Four possible authors with the relevant *nisbah* are: Muḥammad ibn Yaḥyá, called Ibn Mahdī al-Jurjānī (d.397/1007), a Hanafi jurist; Ḥamzah ibn Yūsuf, called al-Sahmī (d.427/1036), a hadith scholar; Aḥmad ibn Muḥammad (d.482/1089), a Shafiʻi jurist; and Yūsuf ibn ʻAlī (fl.522/1128), a Hanafi.

Copied in the 13th cent.

254

Or.11006 (81f.)

ʻUrwat al-Islām

Begins: الحمد لله الملك القدوس السلام الذي من علينا بالايمان

A work by Ibrāhīm Ḥaqqī (d.1307/1890) on religious observances according to the four orthodox schools.

Copied in the 19th cent.

SHIITE CONTROVERSY

255

Or.7811 B (405f.)

Mukhtalif al-Shīʻah fī aḥkām al-sharīʻah

Vol.2 of an extensive work by al-Ḥasan ibn Yūsuf, called Ibn al-Muṭahhar al-Ḥillī (d.726/1325), on the points of agreement and difference between Shiite jurists, from *Kitāb al-wadīʻah* to the end.

Copied between 973-4/1566.

256

Or.7811 A (390f.)

Mukhtalif al-Shīʻah fī aḥkām al-sharīʻah

Begins: الحمد لله محق الحق ومظهره وقامع الباطل ومدمّره

Vol.1 of the same work, from the beginning to *Kitāb al-duyūn*.

Part of a later copy produced in Mashhad in 1026/1617.

257

Or.10966 (128f.)

Part of a work detailing the differences between the Shiite and Sunni schools of law, and showing that the latter are in conflict with the Qur'ān, Hadith and reason. The chapters (*mas'alah*) are subdived sometimes into *baḥth* and *maṭlab*, sometimes into *faṣl* and *baḥth*. The work is defective at both the beginning and end, first named heading being *al-Faṣl al-khāmis ʻashr fī al-aymān*, and the last is *al-Faṣl al-thānī fī al-adillah* of *al-Mas'alah al-sābiʻah fī-mā yataʻallaqu bi-uṣūl al-fiqh*. The manuscript appears to be incorrectly collated.

Copied in the 14th cent.

THE HANAFI LAW OF INHERITANCE

258

Or.12771/2 (f.81v-95r)
al-Sirājīyah fī al-farā'iḍ

Begins: الحمد لله رب العالمين حمد الشاكرين... قال رسول الله صلى الله عليه وسلم تعلموا الفرائض وعلموها الناس فانها نصف العلم

A treatise on the law of inheritance by the Hanafi jurist Muḥammad ibn Muḥammad al-Sajāwandī (d.ca.600/1204).

Copied by Ṣāliḥ ibn Muḥammad al-Busnawī, called Kabūtarzādah, in 999/1591, and followed (f.96v-102v) by a Turkish translation in a different hand.

259

Or.14452 (43f.)
al-Sirājīyah fī al-farā'iḍ

Another copy with interlinear and marginal annotations. Followed on f.41v-43v by a short tract in Ottoman Turkish entitled *Bāb al-munāsakhah.*

Copied in a large Turkish *naskhī* hand of the 17th or 18th cent.

260

Or.13397 (116f.)
Rūḥ al-shurūḥ

Begins: الحمد لله الذي تفرد ذاته بالقدم والبقاء

A commentary by 'Abd Allāh ibn 'Alī al-Sinjārī (d.800/1398) on *al-Sirājīyah.*

Copied in 960/1552.

261

Or.12771/1 (f.2v-79v)
al-Farā'iḍ al-Sharīfīyah

Begins: الحمد لله رب العالمين ... قال المولى ... بعد ما تيمن بالبسملة الحمد لله رب العالمين حمد الشاكرين

A commentary by 'Alī ibn Muḥammad al-Jurjānī (d.816/1413) on *al-Sirājīyah.*

Copied in 999/1591, and bound in stamped leather covers and flap.

262

Or.11338/67 (f.201r-204r)
al-Wasā'il al-muhadhdhabah al-mutaḍamminah lil-masā'il al-mulaqqabah

Begins: قال الفقير عمر بن الوردي لله شكري ابداً وحمدي

A metrical tract by the Hanafi scholar 'Umar ibn Muẓaffar, called Ibn al-Wardī (d.749/1349), on selected points of the law of inheritance.

Copied in the 17th cent.

263

Or.10949/2 (f.83v-97r)
al-Manẓūmah

Begins: باسم مَن مَنّ لفطه منّاً

A metrical tract by 'Abd al-Muḥsin ibn Muḥammad al-Qayṣarī (d.755/1354), a Hanafi jurist, on the law of inheritance.

Copied in 1066/1656.

264

Or.11338/66 (f.197r-200v)
Urjūzah laṭīfah fī al-farā'iḍ

Begins: قال محمد هو ابن الشحنة الحمد لله ولي المنّة

A metrical tract, also known as *Manẓūmah fī al-farā'iḍ*, by Muḥammad ibn Muḥammad, called Ibn al-Shiḥnah (d.815/1412).

Copied in the 17th cent.

265

Or.12408 (58f.)
Ḥāshiyah 'alá Sharḥ al-Farā'iḍ

Begins: الحمد لله المحمود في كل فعاله

A supercommentary on a treatise on the law of inheritance, the opening pages of which are missing. The volume begins with the first page and no more of *Risālah fī al-farā'iḍ*, a tract on the same subject by Muḥammad ibn 'Alī al-Fanārī (d.929/1523), the first line of which is quoted above.

Both appear to have been copied in the same hand in 914/1508.

266

Or.7897/2 (f.314r-316v)
Jawāhir al-farā'iḍ

Begins: اعلم أنه إذا مات الإنسان أولا

Answers by Aḥmad ibn Sulaymān, called Ibn Kamāl Bāshā (d.940/1534), to seventy-five questions relating to the division of inheritance.

Copied in 1071/1661.

267

Or.11338/55 (f.155r-159r)
Risālah fī dukhūl walad al-bint fī al-waqf 'alá al-awlād

Begins: الحمد لوليه والصلوة لنبيه والثناء على خليفته في ارضه

A decision by Ibn Kamāl Bāshā on the correct portions due to grandchildren by either sons or daughters, and on whether a daughter's son may share in an inheritance bequeathed to sons' sons.

Copied in the 17th cent.

268

Or.9574/10 (f.54v-56r)
Mas'alat dukhūl walad al-bint fī al-mawqūf 'alá awlād al-awlād

Another copy, with a slighty different title, in a 17th or 18th cent. hand.

269

Or.11338/16 (f.50v-52r)
Risālah fī mas'alat dukhūl awlād al-banāt taḥta lafẓ al-walad

Begins: الحمد لله رب العالمين والسلام على اعلم الخلق اجمعين

A tract by the Hanafi jurist Zayn al-Dīn ibn Ibrāhīm, called Ibn Nujaym (d.970/1563), on the claims of a daughter's son in a deed of settlement.

Copied in 1047/1637.

270

Or.12766 (148f.)
Ādāb al-awṣiyā'

Begins: الحمد لله رب العالمين ... وبعد فهذا كتاب ادب الأوصياء الذي جمعته في بلد الله الحرام

A treatise on the Hanafi law of bequests by Fuḍayl ibn 'Alī al-Jamālī (d.991/1583).

Copied in 1157/1744, with stamped covers and flap.

271

Or.11338/61 (f.183v-186r)

Begins: الحمد لله مظهر الحق بما تحرر من صحيح نقول الائمة الفخام

A decision in a settlement case regarding an entail bequeathed to one's children and on to their children, endorsed

on f.186v by Sharaf al-Dīn ibn ʻAbd al-Qādir al-Ghazzī (d.1005/1596).
Copied in the 17th cent.

272

Or.13398/1 (f.1r-6r)

Begins: كتاب اللهده مقدره اولان فروض التى اول دخى ايكى نوعدر

Part of an anonymous tract in Arabic and Turkish on the apportionment of legacies according to the Hanafi school, with annotated tables.
Copied in 1050/1640.

273

Or.7897/3 (f.317v-321r)
Jawāhir al-ʻulūm min masāʼil al-farāʼiḍ

Begins: هذا كتاب جواهر العلوم ... وأصحاب هذه السهام إثنى عشر نفراً بحسب التعداد

A tract on the law of inheritance by Hibat Allāh ibn Najm al-Dīn al-Iṣfahānī, a former mufti of Khorasan.
Copied in 1071/1661.

274

Or.12776/4 (f.73v-82r)

Begins: الحمد لله رب العالمين ... فاعلم ان الفرائض علم يبحث فيه عن احوال قسمة التركة بين الورثة

An anonymous treatise on the law of inheritance, with copious marginal annotations at the beginning. It is erroneously called *al-Sirājīyah fī al-farāʼiḍ* on the flyleaf (f.1r) even though it differs significantly from that work, and the principal divisions are called *faṣl* rather than *bāb*.
Copied in the 17th or 18th cent.

275

Or.11338/56 (f.159v-164r)
[Suʼāl fī shakhṣ waqafa waqfan ʻalá nafsihi muddat ḥayātihi... thumma min baʻdihi ʻalá banātihi al-mawjūdāt]

Begins: الحمد لوليه والصلوة لنبيه

A decision by Abū al-Irshād ʻAbd Allāh al-Niḥrīrī on the settlement of an inheritance in favour of daughters.
Copied in the 17th cent.

276

Or.8528/2 (f.21v-36v)
Uṣūl wa-jumal fī ʻilm al-farāʼiḍ

Begins: لله الحمد اهل الحمد ووليه ومنتهاه

An anonymous tract on the law of inheritance and related mathematics, with some geometrical diagrams. Colophon reads: فقد تم الحاشية الشريفة المنسوبة الى حضرة شيخ الاسلام نائب الامام.
Copied in 1241/1825.

THE MALIKI LAW OF INHERITANCE

277

Or.12565/4 (f.168r-171r)

Begins: وقد اخترع الاستاذ ابو القاسم ... القرشي رحمه الله طريقة بديعة لعمل الفرائض بالكسور

An exposition by Abū al-Qāsim ʻAbd al-Raḥmān ibn Yaḥyá al-Qurashī, a Maliki scholar, of a new method of applying the principles for the division of legacies laid down in *Kitāb al-farāʼiḍ* by Aḥmad ibn Muḥammad al-Ḥawfī (d.588/1192).
A 19th cent. copy in a Maghribi hand.

278

Or.12565/6 (f.219r-221r)
al-Jāmi' al-mustawfī li-jadāwil al-Ḥawfī

Begins: الحمد لله مسئلة التنزيل وما ضاهاه قال عيسى بن دينار في العتبية

An extract from this Maliki work by Muḥammad ibn Aḥmad, called Ibn Ghāzī (d.919/1513), on the subject *tanzīl*, i.e. a testator's extending filial status, for example to one who is not his son or daughter, taken from the tables of inheritance drawn up by Aḥmad ibn Muḥammad al-Ḥawfī (d.588/1192). It is followed by a commentary entitled *Khulāṣat al-taḥṣīl fī waṣīyat al-tanzīl.*

Copied in the 19th cent.

279

Or.12565/3 (f.82v-167v)
Bughyat al-ṭullāb fī sharḥ Munyat al-ḥussāb

Begins: الحمد لله الذي احاط بكل شيء علماً

A commentary by Ibn Ghāzī on his own metrical treatise on the division of a legacy. The colophon states that the work was finished in 895/1490.

Copied in the 19th cent.

280

Or.12565/5 (f.172v-218v)
Nuzhat dhawī al-albāb wa-tuḥfat nujabā' al-anjāb

Begins: الحمد لله الذي يجمع للعبد في الدارين نعماً عديدة لا تعد ولا تحصى

A supercommentary on *Bughyat al-ṭullāb* by Muḥammad ibn Aḥmad ibn Muḥammad Binnīs (d.1213/1798).

Copied in the 19th cent.

281

Or.12565/2 (f.81r-v)
[Īḍāḥ kayfīyat qismat al-māl alladhī fīhi kasr]

Begins: قال الشيخ... ولما لم يتعرض شيخنا الابار إلا للمال الذي لا كسر فيه

An appendix, concerned primarily with the division of legacies into fractions, by Abū 'Abd Allāh Muḥammad ibn Sa'īd, called Ibn Quraysh, to *Kashf al-riwāq* by Aḥmad ibn Muḥammad, called al-Abbār (d.1071/1661).

A 19th cent. copy in a Maghribi hand.

282

Or.12565/1 (f.1v-78v)
Kashf al-ḥijāb li-aṣfiyā' al-aḥbāb 'alá Ajniḥat al-righāb [sic]

Begins: الحمد لله المسهل للحساب

A commentary by the Maliki Aḥmad ibn Sulaymān al-Rasmūkī (d.1133/1721) on thirty-four verses by Abū Sālim Ibrāhīm ibn Abī al-Qāsim al-Simlālī, to which are appended a further eighty-six verses by the commentator, who gave the whole composition the title *Ajniḥat al-ghurāb fī ma'rifat al-farā'iḍ wa-al-ḥisāb.*

Copied in 1234/1818.

SHAFI'I LAW OF INHERITANCE

283

Or.11338/64 (f.193r-195r)
al-Tuḥfah al-qudsīyah fī 'ilm al-farā'iḍ

Begins: بحمد ربي ابتدي كلامي

A metrical tract by Aḥmad ibn

Muḥammad, called Ibn al-Hā'im (d.815/1412), on the laws of inheritance, being an abridgement of the Shafi'i work, *Ghunyat al-bāḥith*, by Muḥammad ibn 'Alī, called Ibn al-Mutaqqinah (d.577/1182). Followed on f.196r by two verse fragments on the same subject, possibly by the same author.

Copied in the 17th cent.

284

Or.7829/2 (f.90r-106r)
al-Lum'ah al-shamsīyah 'alá al-Tuḥfah al-qudsīyah

Begins: الحمد لله رب العالمين ... وبعد فيقول محمد سبط المارديني هذا تعليق مختصر على التحفة القدسية

A commentary by Muḥammad ibn Muḥammad Sibṭ al-Māridīnī (d.934/1528) on the above abridgement of *Ghunyat al-bāḥith.*

Copied in 1241/1826.

285

Or.7829/1 (f.1v-89v)
Sharḥ al-Raḥbīyah fī 'ilm al-farā'iḍ

Begins: قال سيدنا وشيخنا ... الحمد لله الحي الموجود قبل وجود كل موجود

A commentary by Muḥammad ibn Ibrāhīm al-Sallāmī (d.879/1474) on *Ghunyat al-bāḥith.*

Copied in 1241/1826.

286

Or.8468 (105f.)
Fatḥ aqfāl al-mabāḥith fī sharḥ Ghunyat al-bāḥith

Begins: الحمد لله الذي مهد اصول الفرائض بكتابه المبين

An anonymous commentary on the same, copied by an 15th or 16th cent. hand.

287

Or.8002/2 (f.9v-58v)
al-Fawā'id al-Shinshawrīyah fī sharḥ al-manẓūmah al-Raḥbīyah

Begins: الحمد لله رب العالمين وأشهد أن لا إله إلا الله وحده لاشريك له الملك الحق المبين

A commentary by 'Abd Allāh ibn Muḥammad al-Shinshawrī (d.999/1591) on *Ghunyat al-bāḥith.*

Copied in 1181/1768.

288

Or.9262/9 (f.177r-209v)
Kashf al-ghummah fī mīrāth ahl al-dhimmah

Begins: الحمد لله الذي جعل شريعة الإسلام إلى يوم القيمة طاهرة

A tract by the Shafi'i jurist Taqī al-Dīn 'Alī ibn 'Abd al-Kāfī al-Subkī (d.756/1355) on the question of inheriting from Jews and Christians.

Copied in 769/1368.

289

Or.7829/3 (f.106v-116v)
Risālah fī 'amal al-munāsakhāt

Begins: قال الشيخ ... اعلم أن عمل المناسخات بالجدول هو من الصناعة البديعة العجيبة تلقيتها من أستاذي أبي الحسن الحلاوي

A Shafi'i tract on the division of inheritance by Aḥmad ibn Muḥammad, called Ibn al-Hā'im (d.815/1412).

Copied in 1242/1826.

290

Or.9072 (144f.)
al-Kashf al-rā'iḍ sharḥ Tuḥfat al-waṣāyā wa-al-farā'iḍ

Begins: الحمد لله الذي اوجد الموجودات واحيى الارض بعد الممات

A commentary by the Shafi'i scholar Yaḥyá ibn Taqī al-Dīn al-Faraḍī (fl.1028/1619) on *Tuḥfat al-rā'id fī 'ilmay al-īṣā' wa-al-farā'iḍ* by Muḥammad ibn Muḥammad ibn 'Abd al-Raḥmān al-Ḥassānī. Includes tables on the divisions of different heirs.

Copied in 1032/1623.

291

Or.8002/1 (f.1r-9r)
Kitāb al-farā'iḍ

Begins: كتاب الفرائض وهي جمع فريضة والفرض التقدير تقول فرّض القاضي النفقة اي قدّرها

Anonymous glosses on the chapter dealing with inheritance, apparently extracted from a manual of Shafi'i law.

Copied in the 18th cent.

THE HANBALI LAW OF INHERITANCE

292

Or.8957 (78f.)
Mudhahhab al-ghawāmiḍ fī 'ilm al-farā'iḍ 'alá madhhab al-imām Abī 'Abd Allāh Aḥmad ibn Muḥammad ibn Ḥanbal al-Shaybānī

Begins: الحمد لله المنفرد بالعز والبقاء

A treatise on the law of inheritance according to the Hanbali school. Author's full name given as Majd al-Dīn 'Abd al-Ḥamīd ibn 'Abd al-Sayyid ibn 'Alī ibn Abī Ẓāhir al-Bursufī.

Copied in 982/1575.

293

Or.13421/44 (f.128r-129r)

Begins: الحمد لله المحمود بكل لسان

A copy of a certificate of completion of studies in the law of inheritance awarded by the Hanbali jurist Ibrāhīm ibn 'Abd Allāh al-Shammārī (d.1189/1775) to Muṣṭafá ibn Muḥammad ibn Muṣṭafá, known as Baḥrī Afandī al-'Alā'ī, on the 5th of Sha'bān 1187/1773.

Copied in 1207/1792.

294

Or.8515/1 (f.1r-37v)

Begins: باب الفروض وهي ستة النصف والربع والثمن والثلثان والثلث والسدس

An anonymous fragment on the law of inheritance, from *Bāb al-furūḍ* to *Bāb jidd abū* [sic] *umm.*

Copied in 825/1422.

THE SHIITE LAW OF INHERITANCE

295

Or.14471 (209f.)
[Jāmi' aqwāl al-'ulamā']

A fragment from a lengthy treatise on inheritance according to the Shiite school of law judging by the sources quoted, starting a little before *al-Faṣl al-thālith fī mīrāth al-a'mām wa-al-akhwāl* (f.3r) and ending abruptly in *al-Faṣl al-thāmin fī ma'rifat sihām al-warathah min al-tarkah.* A faṣl is occasionally further subdivided by *maṭlab*. The above title is taken from the flyleaf (f.1r).

Copied in 1255/1839, and bound in stamped leather covers.

HANAFI FETWAS

296

Or.9144 (179f.)
al-Ḥiyal

Begins: قال ابو بكر احمد بن عمر ابن مؤمن الشيباني الخصاف حدثنا سلمة بن حفص

A collection of cases involving legal fiction, attributed on the flyleaf to Abū Bakr Aḥmad ibn ʻUmar al-Khaṣṣāf al-Ḥanafī (d.261/875).

Copied in the 15th cent.

297

Or.11078/2 (f.72r-155r)
Fatāwá Abī al-Layth al-Samarqandī

Begins: الحمد لله رب العالمين ... كتاب الطهارة باب ما يجوز به الوضوء وما لا يجوز الماء الجاري يجوز فيه الاغتسال والوضوء منه

A collection of Hanafi fetwas by Abū al-Layth Naṣr ibn Muḥammad al-Samarqandī (d.373/983). The text throughout is partially obliterated due to staining.

Copied in 791/1389.

298

Or.12696 (95f.)
al-Multaqāt fī al-fatāwī al-Ḥanafīyah

Begins: هذا ما اصطفته البراهين الشرعية من مصطفيات الاولين والآخرين

A compendium of Hanafi legal decisions by Muḥammad ibn Yūsuf al-Samarqandī (d.566/1161). The text is quite different from that of Or.6345 which contains no author or title statement even though it is catalogued as being part of this work in A.G. Ellis and Edward Edwards' *A descriptive list of the Arabic manuscripts.*

Copied in 880/1475.

299

Or.13528 (200f.)
Jāmiʻ al-fatāwī

Begins: الحمد لله على ما انعم من علم الشرائع والاحكام

A second compendium of formal Hanafi legal opinions by Muḥammad ibn Yūsuf al-Samarqandī (d.566/1161), with marginal notes in different hands. This work is quite different from the preceding work by the same author.

Copied in 972/1564.

300

Or.11100 (227f.)
al-Fatāwá al-ṣughrá

Begins: حمدا لله تعالى والصلوة على خير خلقه

A collection of Hanafi fetwas by Yūsuf ibn Aḥmad al-Khāṣṣī (d.634/1236).

Copied in 855/1451.

301

Or.9561 (321f.)
al-Wajīz fī al-fatāwī

Begins: حمداً لمن دعى الى دار السلام بمحمد عليه افضل الصلوة والسلام

The first half only of a collection of Hanafi fetwas by Muḥammad ibn Muḥammad al-Kardarī (d.642/1244), to *Kitāb al-rujūʻ ʻanhā* (i.e. *ʻan al-shahādāt*). A note at the head of f.6r reads: *Fatāwá Bazzāzīyah, niṣf awwal*, though it is quite

different from no. 304 below. Preceded by a list of contents in a later hand.
Copied in 891/1486.

302

Or.7994 (192f.)
Qunyat al-Munyah fī tatmīm al-Ghunyah

Begins: الحمد لله الذي أوضح معالم العلوم وأعلى منارها

A compendium of legal opinions according to the Hanafi school by Mukhtār ibn Maḥmūd al-Zāhidī al-Ghazmīnī (d.658/1260), entitled in this copy *al-Qunyah fī al-fatāwī 'alá madhhab al-imām al-a'ẓam Abū Ḥanīfah al-Nu'mān ibn Thābit al-Kūfī.*
Copied in 723/1323.

303

Or.13434 (243f.)
al-Bughyah fī talkhīṣ al-Qunyah

Begins: الحمد لله رب العالمين والصلوة والسلام على خاتم النبيين

An abridgement by Maḥmūd ibn Aḥmad al-Qūnawī (d.777/1375) of the above work by al-Zāhidī al-Ghazmīnī.
Copied in 1133/1720, bound in stamped cloth covers with flap.

304

Or.9295 (316f.)
al-Jāmi' al-wajīz

Pt.2, from *Kitāb al-buyū'* to *Kitāb al-khunthá*, of a compendium of Hanafi law by Muḥammad ibn Muḥammad al-Bazzāzī (d.827/1424).
Copied in a number of 15th or 16th cent. hands with some folios, including a table of contents at the end, added later.

305

Or.11105/1 (f.6v-55r)
al-Fatāwá al-Sirājīyah

Begins: الحمد لله رافع منار اهل الفقه بعزه وجلاله

A collection of legal decisions by Sirāj al-Dīn 'Umar ibn 'Alī, called Qāri' al-Hidāyah (d.829/1426), collected by his disciple Kamāl al-Dīn Muḥammad ibn 'Abd al-Wāḥid, called Ibn al-Humām (d.861/1457), and subsequently arranged and enlarged in 1130/1718 by Muḥammad Amīn ibn Ḥasan al-Mīrghanī (fl.1144/1731).
Copied in 1211/1796 from the compiler's autograph.

306

Or.9301 (2v. (567, 389f.))
al-Fatāwá al-Tātārkhānīyah

Begins: نحمد ربنا على ما اسبغ علينا من العطاء

Vols.1-2, from *Kitāb al-ṭahārah* to *Kitāb al-buyū'*, from a five volume set. This work by 'Ālim ibn 'Alā' al-Dīn was compiled by order of Tātār Khān (reg. 806/1403-810/1407).
Copied in 941/1534-5.

307

Or.9301* (575f.)
al-Fatāwá al-Tātārkhānīyah

Another copy, dated 1084/1674, containing vols.2-3, from *Kitāb al-nikāḥ* to *Kitāb al-buyū'*.

308

Or.14277 (66f.)
al-Fatāwá al-Zaynīyah fī fiqh al-Ḥanafīyah

Begins: حمداً لمن ابرز العالم على حسن ترتيب ونظام

وانشأ دعائم عوارف اهل المعارف

A collection of Hanafi legal decisions by Zayn al-Dīn ibn Ibrāhīm, called Ibn Nujaym (d.970/1563), rearranged according to the usual classification by al-Khaṭīb al-Timurtāshī (d.1004/1596).

Copied in 1102/1691.

309

Or.9563/1 (f.3r-71r)
al-Fatāwá al-Zaynīyah

Another, 18th cent. copy.

310

Or.11105/8 (f.183v-313v)
Lisān al-muftīn

Begins: حمد لك اللهم يا وال على ما افضت من النوال

Hanafi legal decisions by Muḥammad ibn 'Abd al-'Al (d.971/1564), collected by his disciple Ibrāhīm ibn Sulaymān al-'Adilī.

Transcribed and arranged by the copyist for the whole manuscript, Muḥammad Abū al-Su'ūd ibn 'Alī al-Shirwānī, in 1212/1797.

311

Or.14502 (135f.)
al-Fatāwá al-'adlīyah

Begins: الحمد لله ذي الجلال والاكرام والصلوة على محمد خير الانام

A collection of Hanafi fetwas, compiled in 966/1559 by Rasūl ibn Ṣāliḥ al-Aydīnī (d.978/1570), and dedicated to the Ottoman Sultan, Süleyman the Magnificent.

Copied in the 16th or 17th cent.

312

Or.13442 (192f.)
Fatāwá Uskūbī

Begins: كتاب الطهارات مسئلة آيدستى اولان كمنه حدث واقع اولدغى

A collection of formal Hanafi legal opinions, arranged in the usual way. The work comprises answers in both Ottoman Turkish and Arabic, to questions invariably phrased in Turkish. The author, who is not named, may be one of the following, all of whom were related to the Balkan town of Skopje and produced collections of fetwas: Muḥammad ibn 'Abd Allāh al-Qasṭamūnī (d.1020/1613), 'Alī Afandī al-Uskūbī, or Kūrmuftī al-Uskūbī.

Copied in 1033/1622-23.

313

Or.11102 (f.6-290)
Imdād al-ḥukkām wa-mu'īn quḍāt al-Islām

Begins: الحمد لله الذي جعل علوم الشريعة مدارا لمصالح الخواص والعوام

Apparently a unique autograph copy of a collection of legal decisions, classified, with a list of sources, by a Hanafi scholar, Muḥammad ibn al-Ḥājj 'Alī, possibly 'Alā' al-Dīn al-Ḥaṣkafī (d.1088/1677).

Copied in 1051/1641.

314

Or.14131 (424f.)
Ṣurrat al-fatāwī

Begins: الحمد لله الذي جعل الفقهاء خيار العباد

A compilation of fetwas, completed by Ṣādiq Muḥammad ibn 'Alī al-Sāqizī in 1059/1649.

Copied in the 18th cent. with a table of contents and some marginal annotations.

315

Or.11105/3 (f.96v-111v)
al-Fatāwá al-Manūfīyah

Begins: ... هذه اسئلة اجاب عنها القاضي عبد الجواد

... احببت ترتيبها في هذه على منوال الكتب الفقهية

Hanafi legal decisions by ʻAbd al-Jawād ibn Muḥammad al-Manūfī (d.1068/1658).

Copied in 1211/1796.

316

Or.11107 (182f.)
[al-Majmūʻah al-manqūlah ʻan al-kutub al-maqbūlah]

Begins: الحمد لله الملك المعين

A collection of legal decisions compiled from various approved sources by ʻAbd al-Raḥmān [ibn Ayyūb] ibn Sulaymān al-Khiṣālī (d.1087/1676), with an appended list of authorities cited. The work is followed, on the last seven folios, by a selection of verses and proverbs.

Copied in 1243/1828.

317

Or.13403 (f.6v-102r)
Fawā'id al-fatāwī

Begins: الحمد لله الغني الوهاب المنزه عن اللغو والالقاب

A Hanafi manual, also known as *Fawā'id al-fuqahā'*, by Maḥmūd ibn Muḥammad, called Ibn Sulaymān (fl.17th cent.). It is followed on f.103v-129r by an untitled, anonymous tract on the laws relating to women, youths, slaves, drunks, lunatics, missing persons and other groups, which was possibly intended by the copyist as a supplement. This second work begins:

قال ابو العباس سمعت الشيخ ابا الحسن بن سراقة يقول المرأة اذا رأت دم الحيض... However, the date of the scholar mentioned, Ibn Surāqah died ca.410/1020, suggests that this second work was probably composed much earlier.

Copied in 1099/1687. Both works are on the same paper and in the same hand, the copyist naming himself al-Shaykh Shaʻbān.

318

Or.11106 (176f.)
[Masā'il nādirah]

Begins: الحمد لله الذي اعلى شأن شريعته وكرم من اتخذها اليه وسيلة وذريعة

The compiler, Ṣunʻ Allāh ibn ʻAbd al-Raḥīm Shaykhzādah, a pupil of al-Ḥājj Ḥusayn Afandī, is probably the son of the Hanafi scholar ʻAbd al-Raḥīm ibn Muḥammad ibn Sulaymān Shaykhzādah (d.1078/1667). He states that he began this work in response to questions raised when he was cadi first of Maras, then of Amid, of Kayseri, and finally of Erzurum.

This 17th or 18th cent. ms., which has blank spaces and marginal notes throughout in the same hand as the text, appears to be the autograph. In addition it has an illuminated frontispiece and is preceded by a table of contents.

319

Or.11105/2 (f.56v-95r)

Begins: كتاب الصلوة سئل عن إمام مسجد جامع منه مسقف وغير مسقف ما الأفضل في حقه

A collection of legal decisions made by the Hanafi jurist Ibrāhīm ibn Ḥusayn, called Ibn Pīrī or Pīrīzādah (d.1099/1688).

Copied in 1221/1797.

320

Or.12695/1 (f.5v-196v)
Wāqi'at al-muftīn

Begins: الحمد لله رب العالمين ... وبعد فيقول العبد القصير ... لما استخدمني برهة من الزمان قبل هذا الآوان

A collection of Hanafi legal decisions compiled by 'Abd al-Qādir ibn Yūsuf, called Ibn al-Naqīb (d.1107/1695), preceded by a table of contents.

Copied in the 18th or 19th cent.

321

Or.11105/4 (f.112v-121r)
Fatāwá

Begins: الحمد لله على آلائه التي لا يدرك كنهها بحد

The fetwas of Muḥammad Amīn ibn Ḥasan al-Mīrghanī (fl.1144/1731), compiled by his son in 1163/1750.

Copied in 1211/1796.

322

Or.8956 (324f.)
Ḥadīqat al-muftī

Begins: كتاب الطهارة استنجى بحجر ثم ابتل موضعه

Vol.1, to *Masā'il al-ṣarf* in *Kitāb al-buyū'*, of an anonymous collection of Hanafi legal decisions. Amongst the sources mentioned are *Ādāb al-qāḍī* by al-Khaṣṣāf, *al-Fatāwá al-Ghiyāthīyah*, and *al-Fatāwá al-Tātārkhānīyah*.

Copied in the 18th cent.

MALIKI FETWAS

323

Or.13237 (251f.)
Jumlah min ajwibat shaykhinā al-imām

Begins: الحمد لله والصلوة والسلام على سيدنا محمد خاتم النبيين وامام المرسلين

The legal decisions of Abū Mahdī 'Īsá ibn 'Abd al-Raḥmān al-Rajrājī al-Suktānī (d.1062/1652), Maliki mufti of Marrakesh, collected by the author's pupil Aḥmad ibn al-Ḥasan al-Sūsī al-Rawdānī.

Copied in the 19th cent.

SHAFI'I FETWAS

324

Or.9583/2 (f.20r-132v)
Fatāwá Ibn al-Ṣalāḥ

Begins: الحمد لله رب العالمين ... هذه فتاوى التي صُدرت من شيخنا تقي الدين

The legal decisions of the Shafi'i jurist 'Uthmān ibn 'Abd al-Raḥmān, called Ibn al-Ṣalāḥ (d.643/1245), collected from his pupils and friends and arranged by Kamāl al-Dīn Isḥāq ibn Aḥmad ibn 'Uthmān.

Copied in 727/1326.

SHIITE FETWAS

325

Or.13890 (199f.)
Tadhkirat al-fuqahā'

A compendium of Shiite fetwas by al-Ḥasan ibn Yūsuf, called Ibn al-Muṭahhar al-Ḥillī (d.726/1325). Pts.7 and 9 only, namely *Kitāb al-bay'* and *Kitāb al-rahn*, bound together in one volume.

A 17th cent. calligraphic copy with illuminated Safavid *'unwān*, and bound in stamped red leather covers.

MISCELLANEOUS HANAFI WORKS

326

Or.9143 (145f.)
Aḥkām al-wuqūf

Begins: باب ما روي في صدقات رسول الله صلى الله عليه وسلم وشرف وكرم

A treatise by the Hanafi jurist Aḥmad ibn ʻUmar al-Khaṣṣāf (d.261/875) on the law of trusts, composed in seventy-eight numbered chapters (*bāb*), preceded by the above-mentioned chapter not listed in the manuscript's table of contents.

Copied in the 14th cent.

327

Or.13010/1 (f.2r-34v)
al-Jamʻ bayna waqfay Hilāl wa-al-Khaṣṣāf

Begins: قال... لقد هممت باختصار كتاب الوقف

An abridged compilation by Abū Muḥammad ʻAbd Allāh ibn al-Ḥusayn al-Nāṣiḥī (d.447/1055) of the two treatises, both entitled *Aḥkām al-waqf*, of Hilāl al-Ra'y (d.245/859) and Aḥmad ibn ʻUmar al-Khaṣṣāf (d.261/875).

Copied in 985/1577.

328

Or.13010/3 (f.38r-77r)
al-Isʻāf fī aḥkām al-awqāf

Begins: الحمد لله الذي خلق الانسان في احسن تقويم

A work compiled by Burhān al-Dīn Ibrāhīm ibn Mūsá al-Ṭarābulusī (d.922/1516) from the same treatises of Hilāl al-Ra'y (d.245/859) and al-Khaṣṣāf (d.261/875) as the first tract in this volume (f.2r-34v).

Copied in 985/1577.

329

Or.11078/3 (f.155v-164v)
al-Ādāb al-dīnīyah lil-khizānah al-Mughīthīyah

Begins: الحمد لله رب العالمين... هذا الكتاب على اربعة عشر باباً الباب الاول في ذكر ادب الملابس

The first seven chapters of an anonymous manual of religious observances.

Copied in 791/1389 by the same hand as the work by Abū al-Layth al-Samarqandī, which precedes it in the same volume (cf. no. 297 above).

330

Or.12777/18 (f.110v-113v)
Zallat al-qāri'

Begins: اعلم ان الخطاء في القراءة على ستة انواع

A tract by Najm al-Dīn ʻUmar ibn Muḥammad al-Nasafī (d.537/1142) on mistakes in recitation which invalidate ritual prayer.

Copied in the 18th cent.

331

Or.12657/7 (f.128v-130r)
Zallat al-qāri'

Begins: الحمد لله ذي طول واحسان

A metrical treatise rhyming in the letter *nūn*, composed by Aḥmad ibn Abī Ḥafṣ ibn Yūsuf al-Fārābī in 570/1175, on the errors of recitation which invalidate ritual prayer. The copyist, Qiwām al-Dīn Muḥammad al-Ḥusayn al-Ṣūfī, al-Fārābī, has appended some verses in Persian by Badr al-Dīn al-Farāmī on the recitation of *Sūrat al-Fātiḥah*.

Copied in the late 13th cent.

332

Or.11183/2 (f.3r-58v)
Sharḥ al-nukat al-arbaʿīn

Begins: الحمد لله رب العالمين ... وبعد فإن السعادات العاجلة والكرامات الآجلة منوطة بكتاب العلم

An anonymous commentary on forty legal points originally discussed by Burhān al-Dīn Muḥammad ibn Muḥammad al-Nasafī (d.687/1289). On the basis of the wording on f.6r (سمعت المصنف رحمه الله اجاب عن هذا بوجهين), it can be assumed that the commentator was a contemporary of the author. The first text commented on reads: وبعد فاللازم على المناظر.

Copied in the 15th cent.

333

Or.9444 (249f.)

An advocate's handbook, composed of several short, untitled tracts on the handling of evidence in court (*fī ʿilm al-naẓar*), being paraphrases apparently by the owner himself of the relevant sections of other works. Apart from a few quotations from Abū Ḥanīfah and al-Shāfiʿī in Arabic, the manuscript includes one tract in Persian, *Fī al-muḥāsabāt* (f.78r-82r), in a different hand.

Copied between 673/1274 and 689/1290.

334

Or.9304 (f.2-79)
Niṣāb al-iḥtisāb

Begins: الحمد لله الحسيب الرقيب على نواله ايماناً واحتساباً

A handbook of police regulations in sixty-four chapters by ʿUmar ibn Muḥammad al-Sanāmī (d.696/1297).

Copied in a 16th cent. hand.

335

Or.8996/1 (f.1r-97v)
Niṣāb al-iḥtisāb

Another copy dated 1098/1687.

336

Or.12950/7 (f.117v-120r)
Maṭālib al-muṣallī

Begins: الحمد لله رب العالمين ... اعلم بأن العبد مبتلي بين ان يطيع الله فيثاب وبين ان يعصيه فيعاقب

A tract by Luṭf Allāh al-Nasafī al-Fāḍil al-Kaydānī (d.ca.750/1349) on ritual prayer, divided into eight sections (*bāb*) enumerating the obligations to be observed in ritual prayer as well as those things not sanctioned by law.

Copied in 1023/1614.

337

Or.12775/29 (f.172v-174r)
Maṭālib al-muṣallī

A 17th or 18th cent. copy of the same work, but with the variant title *Risālat fiqh al-Kaydānī fī ḥāl al-ṣalāh.*

338

Or.11338/57 (f.164v-170r)
ʿArūs al-khalwah

Begins: الحمد لله الذي احل متاع البضع بالعقود

A tract by Muḥammad ibn Maḥmūd al-Ḥusaynī (fl.857/1470) on the obstacles to "valid retirement" in marriage and full payment by a husband of the dower.

Copied in 1054/1644.

339

Or.11105/5 (f.122v-163r)
al-Ḥudūd wa-al-aḥkām

Begins: الحمد لله الذي أنزل على عبده الحدود والاحكام وجعل علمها وعملها سعادة باقية لفرق الانام

Explanations of legal terms composed by the Hanafi ʻAlī ibn Muḥammad, called Muṣannifak (d.875/1470), in 873/1468.

Copied in 1211/1797.

340

Or.11338/49 (f.130v-133r)
Risālah fī jawāz al-masḥ ʻalá al-khuffayn

Begins: الحمد لله الذي خفف التكاليف الشاقة عن عباده المؤمنين

A tract by Muḥammad ibn Farāmurz, called Mullā Khusraw (d.885/1480), on the wiping of leather "socks" in ritual ablution.

Copied in the 17th cent.

341

Or.12784/12 (f.36r-38r)
Kitāb al-ṣulḥ

Begins: الحمد لله ولي التوفيق والعناية والهداية

The draft of a tract by Ḥasan Chalabī ibn Muḥammad Shāh al-Fanārī (d.886/1481) on when it is lawful to make peace and when it is not.

Copied in the 18th cent.

342

Or.11105/7 (f.177v-182v)
[Jāmiʻ li-jamīʻ sujūd al-sahw]

Begins: اللهم منك نستهدي ولك نستكين وإياك نعبد وإياك نستعين

An anonymous tract on mistakes and omissions in prayer and how to correct them, compiled from various legal sources in 931/1525.

Copied in 1211/1797.

343

Or.9574/4 (f.37r-39r)
Risālah maʻmūlah fī bayān ḥaqīqat al-ribā

Begins: الحمد لله الذي احل لنا البيع وحرم الربا

A tract by Aḥmad ibn Sulaymān, called Ibn Kamāl Bāshā (d.940/1534), on usury.

Copied in the 17th or 18th cent.

344

Or.9574/5 (f.39r-40r)
Risālah maʻmūlah fī anna ḥadd al-khamr ḥadd al-shurb

Begins: أما بعد حمد الله والصلوة على نبي الله وبعد فهذه رسالة معمولة في أن حد الخمر حد الشرب

A tract by the same author on the punishment for drinking alcohol.

Copied in the 17th or 18th cent.

345

Or.9574/6 (f.40r-46v)
Risālah maʻmūlah fī taʻlīm al-amr fī taḥrīm al-khamr

Begins: الحمد لله الذي انزل الاحكام وبين لنا الحلال والحرام

Another tract by Ibn Kamāl Bāshā on the laws relating to alcohol.

Copied in a 17th or 18th cent. hand.

346

Or.9574/8 (f.49v)

Begins: الحمد لوليه والصلوة لنبيه

An untitled tract by the same author on the legality of holding the Friday prayer in more than one mosque in each district.

Copied in the 17th or 18th cent.

347

Or.9574/12 (f.57r)
Risālah ma'mūlah 'alá anna al-istījār 'alá ta'līm al-Qur'ān hal yajūzu am lā

Begins: الحمد لوليه والصلوة لنبيه وبعد فاعلم ان بعض مشايخنا استحسنوا الاستيجار على تعليم القرآن

A tract by the same author on whether itis lawful to teach the Qur'ān in return for money. Followed on f.57v by opinions on prayer in the Ka'bah and on conveying the bodies of the deceased from one country to another.

Copied in the 17th or 18th cent.

348

Or.9574/13 (f.58r-60r)
Risālat al-khiḍāb

Begins: الحمد لله الذي الحق لذوي الالباب

A tract by Ibn Kamāl Bāshā on dyeing one's hair or body.

Copied in the 17th or 18th cent.

349

Or.9574/20 (f.74r-75r)
Risālah fī jawāz al-istikhlāf

Begins: الحمد لوليه والصلوة على نبيه قال في الهداية وليس للقاضي أن يستخلف على القضاء

A tract by Ibn Kamāl Bāshā on the legality of a cadi's appointing a substitute to conduct the Friday prayer.

Copied in the 17th or 18th cent.

350

Or.11338/48 (f.128v-130r)
Risālah fī jawāz al-istikhlāf

Another copy of the same tract, with two appended notices on the same subject by Ḥusām Chalabī and Mullā Khusraw.

Copied in the 17th cent.

351

Or.13439/4 (f.67r-71r)
Ta'līm al-amr wa-taḥrīm al-khamr

Begins: الحمد لله الذي انزل الاحكام على وجه الاحكام

A tract by Ibn Kamāl Bāshā on the prohibition of taking alcohol. This appears to be a reworked version of no. 344 above.

Copied in the 18th cent.

352

Or.13407/19 C (f.128r-v)
Ṭabaqāt al-fuqahā'

Begins: اعلم ان الفقهاء على سبع طباق

A division of Muslim jurists into seven classes, by Ibn Kamāl Bāshā.

Copied in the 18th cent.

353

Or.12695/2 (f.197v-198r)
Ṭabaqāt al-fuqahā'

Another copy from the 18th or 19th cent.

354

Or.9574/13 A (f.60v)
Fī ḥaqq shaykh al-shuyūkh Muḥyī al-Dīn al-ʻArabī al-Ṭā'ī al-Ḥātimī al-Andalusī

Begins: الحمد لوليه والصلوة على نبيه الجمهور على أن صحائف الأعمال توزن بميزان له لسان وكفتان

The text of an official ruling issued by Ibn Kamāl Bāshā in 923/1517 confirming the orthodoxy of Muḥyī al-Dīn Ibn al-ʻArabī (d.638/1240).

Copied in the 17th or 18th cent.

355

Or.9285/2 (f.439v)
Fatwá fī tanzīh al-Shaykh Muḥyī al-Dīn

Another copy of the same ruling, in an 18th cent. hand.

356

Or.13425/9 (f.170v)
Risālah fī al-ḥimmaṣah

Begins: هذه رسالة في الحمصة جمعتها من رسالة فقهي افندي وغيرها

A tract by Ibrāhīm al-Halabī (d.956/1549) on three types of running sore and their effect on ritual purity and prayer when treated with chick-pea water.

Copied in 1189/1775.

357

Or.13010/2 (f.35r-37v)
al-Qawl al-naqī fī al-radd ʻalá al-muftarī

Begins: الحمد لله... وبعد فهذه رسالة شريفة مختصرة مبينة اشتملت على نقل كلام الثقاة من علماء الحنفية مما يتعلق بالوظائف في الاوقاف والسعي فيها

Considerations by Zayn al-Dīn ibn Ibrāhīm, called Ibn Nujaym (d.970/1563), as to whether a judge has the right to dismiss from office one appointed to exercise a function in connexion with a religious bequest if the said functionary is found guilty of an offence, or for any other reason.

Copied in 985/1577.

358

Or.11338/5 (f.13v-17r)
al-Qawl al-naqī fī al-radd ʻalá al-muftarī al-shaqī

Begins: الحمد لله... وبعد فهذه رسالة مختصرة... اشتملت على نقل الثقاة من علماء الحنفية

The same tract, copied with a number of textual variations and dated 1047/1637.

359

Or.11338/3 (f.7v-11v)
al-Khayr al-bāqī fī jawāz al-wuḍū' min al-fasāqī

Begins: الحمد لله الذي انزل من السماء ماءً طهوراً بطبعه

A tract composed in 951/1544 by Ibn Nujaym on the lawfulness, according to the Hanafi school, of performing the ritual ablution in a type of basin termed *fasqīyah*.

Copied in 1047/1637.

360

Or.11338/4 (f.12r-13r)
Risālah fī dhikr al-afʻāl allatī tufʻalu fī al-ṣalāh ʻalá qawāʻid al-madhāhib al-arbaʻah

Begins: الحمد لله رب العالمين... وبعد فهذه مقدمة

لطيفة مشتملة على ذكر الافعال التي تفعل في الصلاة

A tract by Ibn Nujaym on those elements of ritual prayer on which all four Sunni schools of law are agreed.

Copied like the above in 1047/1637.

361

Or.11338/6 (f.17v-18v)
al-Mas'alah al-khāṣṣah fī al-wakālah al-'āmmah

Begins: الحمد لله وكفى... وبعد فقد سئلت عن

التوكيل العام تكتب فيه هذه الرسالة وسميتها المسئلة...

A tract composed by Ibn Nujaym in 964/1557 on the transactions lawful under a general power of attorney.

Copied in 1047/1637.

362

Or.11338/7 (f.19r-22v)
Raf' al-ghishā' 'an waqtay al-'aṣr wa-al-'ishā'

Begins: الحمد لله الذي ينصر الحق ولو بعد حين...

وبعد فهذه رسالة في وقتي العصر والعشاء على مذهب الامام

الاعظم ابي حنيفة النعمان

A tract by Ibn Nujaym on the correct times for afternoon and evening prayers, composed in 952/1545 at the Shaykhūnīyah *khānqāh*.

Copied in 1047/1637.

363

Or.11338/8 (f.23r-28r)
al-Tuḥfah al-marḍīyah fī al-arāḍī al-Miṣrīyah

Begins: الحمد لله الذي فضل العلم واهله

A tract by Ibn Nujaym on land-tax in Egypt.

Copied in 1047/1637.

364

Or.11338/9 (f.28v-29v)
Risālah fī al-ṭalāq al-mu'allaq 'alá al-ibrā'

Begins: الحمد لله رب العالمين... وبعد فقد وقعت

حادثة في زماننا هي ان رجلاً قال لزوجته متى ظهر لي امرأة

غيرك او ابرأتيني من مهرك فأنت طالق واحدة

A tract by Ibn Nujaym on whether a man has the right to recall his divorced wife, or whether a new contract and her consent are necessary.

Copied in 1047/1637.

365

Or.11338/10 (f.30r-33r)
Risālah fī ṭalab al-yamīn ba'da ḥukm al-Mālikī

Begins: الحمد لله رب العالمين... وبعد فقد وقعت

مسئلة في زماننا هي ان امرأة اقرت عند حاكم مالكي

المذهب وهي بحال الصحة

A discussion by Ibn Nujaym of a case involving the law of oaths.

Copied in 1047/1637.

366

Or.11338/11 (f.33v-40r)
Risālah fī taḥrīr al-maqāl fī mas'alat al-istibdāl

Begins: الحمد لله الذي احكم الدين وأيده وصانه عن

التبديل

A tract by Ibn Nujaym on the legality of exchanging part of a *waqf* for some other property.

Copied in 1047/1637.

367

Or.11338/13 (f.43v-45r)
Risālah fī al-rashwah wa-aqsāmihā wa-mā yata'alliqu bihā lil-qāḍī wa-ghayrih

Begins: الحمد لله الذي ينصر الحق ولو بعد حين... وبعد فهذه رسالة مختصرة في بيان الرشوة واقسامها

A tract by Ibn Nujaym on the bribing of judges, and the distinction between a bribe and a gift.

Copied in 1047/1637.

368

Or.11338/14 (f.45v-46r)
Risālah fī al-kanā'is al-Miṣrīyah

Begins: الحمد لله وحده... وبعد فهذه رسالة في الكنائس المصرية مسئلة كنيسة حارت زويلة التي فعلت في زمن مولانا الشيخ محمد بن الياس

A tract by the same author on whether new churches and synagogues may be built in Muslim countries.

Copied in 1047/1637.

369

Or.11338/15 (f.46v-50r)
Risālah fī iqāmat al-qāḍī al-ta'zīr 'alá al-mufsid bilā da'wá

Begins: الحمد لله وكفى... وبعد فهذه رسالة في اقامة التعزير على مفسد من غير توقف على مدع

A tract by the same on whether a cadi can punish an offender not formally sued.

Copied in 1047/1637.

370

Or.11338/17 (f.52v-53v)
Risālah fī bayān mā yasquṭu min al-ḥuqūq bi-al-isqāṭ wa-mā lā yasquṭ

Begins: الحمد لله وكفى... وبعد فهذه رسالة في بيان ما يسقط من الحقوق وما لا يسقط

Another tract by Ibn Nujaym on when renunciation annuls a claim and when it does not.

Copied in 1047/1637.

371

Or.11338/18 (f.54r-55r)
Risālah fī bayān al-iqṭā'āt wa-maḥallihā wa-man yastaḥiqquhā

Begins: الحمد لله وكفى... وبعد فهذه رسالة في بيان الاقطاعات ومن يستحقها

A tract by Ibn Nujaym on the allotment of fiefs.

Copied in 1047/1637.

372

Or.11338/19 (f.55v-56r)
Risālah fī-man yatawallá al-ḥukm ba'da nā'ib al-balad al-musammá bi-zamāninā bi-al-bāshāh

Begins: الحمد لله رب العالمين والصلوة والسلام على افضل الخلق اجمعين

A tract composed by Ibn Nujaym in 960/1553 on who should assume the duties of provincial governor (*bāshā*) in the interval between the death of that official and its announcement to the sultan.

Copied in 1047/1637.

373

Or.11338/20 (f.56v-57r)
Risālah fī al-safīnah idhā ghariqat aw inkasarat hal yaḍmanu aw lā

Begins: الحمد لله... وبعد فقد سئلت عن شخص

استأجر سفينة لينتفع بها على وجه شرعي

A tract by Ibn Nujaym on whether the hirer of a ship lost on a voyage is liable only for the cost of the distance travelled.

Copied in 1047/1637.

374

Or.11338/21 (f.57v-59v)

Risālat al-amīr Khāyir Bakk fī sharṭ kitāb waqfih

Begins: الحمد لله رب العالمين... وبعد فقد وقعت

حادثة هي ان خاير بك ملك الامر الناصري كان شرط

للمستحقين في كتاب وقفه لكل وظيفة معلوماً

A tract by Ibn Nujaym on a clause in the trust set up in Cairo by Khāyir Bakk, the first Ottoman governor of Egypt, who died in 928/1522.

Copied in 1047/1637.

375

Or.11338/22 (f.60r-64v)

Risālah fī makātīb al-awqāf wa-buṭlānihā

Begins: الحمد لله الذي ينصر الحق ولو بعد حين...

وبعد فقد وقفت على هذا المكتوب فوجدته غير موافق

للمطلوب

A tract by Ibn Nujaym on the execution of deeds of settlement.

Copied in 1047/1637.

376

Or.11338/23 (f.65r-67r)

Risālat sharṭ waqf al-Ghūrī

Begins: الحمد لله الذي ينصر الحق ولو بعد حين...

وبعد فهذه رسالة كتبتها بعد الطلب حين وصل الامر

الشريف من حضرة مولانا الاعظم

A tract by Ibn Nujaym on the conditions attached to a waqf by the Mamluk Sultan, Qānṣūh al-Ghūrī (d.922/1516).

Copied in 1047/1637.

377

Or.11338/24 (f.67v-70r)

Risālat ṣūrah waqfīyah ikhtalafa fīhā ajwibah

Begins: الحمد لله ... وبعد فقد كنت اجبت على سؤال

رفع إليّ من نحو سنة

Another tract by the same author on a problematic bequest.

Copied in 1047/1637.

378

Or.11338/25 (f.70v-72v)

al-Risālah allatī istaqarra al-ḥāl ʻalayhā thāniyan

Begins: الحمد لله الذي جل عن المعارضة والمناظرة

A discussion by Ibn Nujaym of a case of settlement.

Copied in 1047/1637.

379

Or.11338/26 (f.73r-74v)

Risālah fī nikāḥ al-fuḍūlī hal huwa ṣaḥīḥ

Begins: الحمد لله ... وبعد فقد وقعت حادثة بالقاهرة

وتكررت وكثر السؤال عنها

A tract by Ibn Nujaym on whether a marriage is valid when contracted by an agent who is not officially commissioned.

Copied in 1047/1637.

380

Or.11338/27 (f.75r-76r)
Risālah fī shirā' jāriyah Turkīyah

Begins: الحمد لله ... وبعد فقد وقعت حادثة في زماننا

وهي اشترى رجل جارية تركية فمكثت عنده اياماً

A tract by Ibn Nujaym on the validity of testimony with reference to a case involving the sale of a Turkish slave-girl.

Copied in 1047/1637.

381

Or.11338/28 (f.76v-78r)
Risālah fī matrūk al-tasmiyah 'amadan

Begins: الحمد لله على ما انعم

A tract by Ibn Nujaym on the lawfulness or otherwise of food over which the recitation of God's name has intentionally been omitted.

Copied in 1047/1637.

382

Or.11338/29 (f.78v-81r)
Risālah fī ta'līq ṭalāq al-imra'atayn bi-taṭlīq al-ukhrá

Begins: الحمد لله... وبعد فهذه رسالة في مسئلة تعليق

طلاق الامرأتين بتطليق الاخرى المنقولة في كتب الفتاوي

A decision by Ibn Nujaym on a case in which a man with three wives desires that a sentence of divorce pronounced upon one of them include the other two.

Copied in 1047/1637.

383

Or.11338/30 (f.81v-82v)
Risālah fī mudarris Ḥanafī wa-ṭalabatih

Begins: الحمد لله وسلام على عباده الذين اصطفى

A tract by Ibn Nujaym on a case relating to a *waqf* in favour of a Hanafi teacher and his pupils.

Copied in 1047/1637.

384

Or.11338/31 (f.83r-84r)
Risālah fī ṣūrat da'wá istibdāl 'ayn

Begins: الحمد لله رب العالمين بعد السلام التام وتقبيل

الايادي الكرام

A tract by Ibn Nujaym on a case involving the exchange or sale of a *waqf*.

Copied in 1047/1637.

385

Or.11338/32 (f.84v)
Risālah fī ṣūrat da'wá faskh al-ijārah al-ṭawīlah

Begins: الحمد لله وحده... وبعد فهذه صورة دعوى

فسخ الاجارة الطويلة

A tract by Ibn Nujaym on the rescission of a contract of hire.

Copied in 1047/1637.

386

Or.11338/33 (f.85r-v)
Risālah fī al-ḥukm bi-al-mūjib aw bi-al-ṣiḥḥah fī da'wá faskh al-ijārah al-ṭawīlah

Begins: الحمد لله رب العالمين بعد السلام التام وتقبيل

الايادي الكرام... الفقير قد اطلع على مكتوب الاجارة

فراءها مستحقة للفسخ

Another tract by Ibn Nujaym on the rescission of a contract of hire.

Copied in 1047/1637.

387

Or.11338/34 (f.86r-87v)
Risālah fī ṣūrat bay‘ al-waqf lā ‘alá wajh al-istibdāl

Begins: الحمد لله وحده... وبعد فإن مسائل بيع الاوقاف لا على وجه الاستبدال فاسداً او باطلاً

A tract by Ibn Nujaym on the disposal of a bequest other than by exchange.
Copied in 1047/1637.

388

Or.11338/35 (f.88r-89r)
Risālah fī ṣūrat ḥujjah rufi‘at ilayy

Begins: الحمد لله... وبعد فقد رفع اليّ سؤال ما يقول مولانا على هذه الحجة المسمى صورتها

A statement by Ibn Nujaym on a case involving the rights of an agent with observations thereon.
Copied in 1047/1637.

389

Or.11338/37 (f.95v-98v)
Risālah fī al-istiṣḥāb wa-mā tafarra‘a ‘alayhi min al-masā’il al-fiqhīyah

Begins: الحمد لله... وبعد فهذه رسالة في الاستصحاب وما تفرع عليه

A tract by Ibn Nujaym on the legal implications of accompaniment by an escort.
Copied in 1047/1637.

390

Or.11338/38 (f.99r-101r)
Risālah fī al-nadhr bi-al-taṣadduq

Begins: الحمد لله وسلام على عباده الذين اصطفى

A tract by Ibn Nujaym on the fulfilment of vows of almsgiving.
Copied in 1047/1637.

391

Or.11338/39 (f.101v-108v)
Risālah fī taqaddum da‘wá

Begins: الحمد لله... وبعد فيقول... زين بن نجيم الحنفي انه لما اصطلح القضاة في زماننا وقبله بأزمان يسيرة على الحكم بلا تقدم دعوى وخصومه

A tract by Ibn Nujaym on rulings issued though no plea has been preferred.
Copied in 1047/1637.

392

Or.11338/40 (f.109r-v)
Risālah fīmā yubṭilu da‘wá al-mudda‘ī min qawl aw fi‘l

Begins: الحمد لله... وبعد فقد ذكر في القنية من باب ما يبطل دعوى المدعي من قول او فعل

A tract by Ibn Nujaym on the invalidation of pleas.
Copied in 1047/1637.

393

Or.11338/41 (f.110r-112r)
Risālah fī al-tanāquḍ fī al-da‘wá

Begins: الحمد لله... وبعد فهذه رسالة في التناقض في الدعوى جمعتها من كتب الفتاوي المجموعة عندي

A tract by Ibn Nujaym on pleas which are mutually exclusive.
Copied in 1047/1637.

394

Or.11338/42 (f.112v-113v)
Risālah fī masā'il al-ibrā'

Begins: الحمد لله... وبعد فهذه رسالة في مسائل الابراء وهل تسمع الدعوى بعد الابراء في واقعة اخرى

A tract by Ibn Nujaym on release from debt.

Copied in 1047/1637.

395

Or.11338/43 (f.114r-v)
Risālah fī mas'alat al-jibāyāt

Begins: الحمد لله ... وبعد فهذه رسالة في مسئلة الجبايات والراتبات

A tract by Ibn Nujaym on liability for payment of taxes.

Copied in 1047/1637.

396

Or.11338/44 (f.115r-118v)
Risālah fīman ishtará shay'an wa-dhakara thaman muṭlaq 'an al-waṣf

Begins: الحمد لله وبعد فقد سئلت عن من اشترى شيئا وذكر ثمناً مطلقاً عن الوصف

A discussion by the same author of three cases, the first two on business transactions involving currency fluctuations and the third on the conditional purchase of a slave.

Copied in 1047/1637.

397

Or.11338/45 (f.119r-123v)
Risālah fī ḥudūd al-fiqh 'alá tartīb abwāb al-fiqh

Begins: الحمد لله الواحد الاحد الفرد الصمد

The titles of different sections of Islamic law explained by Ibn Nujaym.

Copied in 1047/1637.

398

Or.11338/2 (f.5v-7r)

Begins: سبحان المنزه عن الاشباه والنظائر والحمد لله المتفضل بغفران الصغائر والكبائر

A list of the works of the above Ibn Nujaym produced by his son, Aḥmad ibn Zayn al-Dīn, also called Ibn Nujaym.

Copied in 1047/1637.

399

Or.12775/30 (f.174v-179v)
Risālat dhakhrat al-muta'ahhilīn wa-al-nisā' fī ta'rīf al-aṭhār wa-al-dimā'

Begins: الحمد لله الذي جعل الرجال قوامين على النساء

A tract by Muḥammad ibn Pīr 'Alī al-Birkawī (d.981/1573) on ritual purity in women.

Copied in the 17th or 18th cent.

400

Or.12777/17 (f.108v-110r)
Risālah 'adlīyah

Begins: الحمد لله رب العالمين ... وبعد فقد طالعت ايّها الاخ رسالتي هذه

A judicial opinion by al-Birkawī on hypocritical ostentation (*ri'ā'*), preceded by general remarks on the qualifications required of a mufti.

Copied in 1156/1743.

401

Or.12775/10 (f79v-90r)
Inqādh al-hālikīn

Begins: الحمد لله الذي انزل على عبده الكتاب ليخرج الناس من الظلمات الى النور

A tract, composed by al-Birkawī in 967/1560, on some of the incorrect practices abounding in the author's day, including the taking of money in return for reciting the Qur'ān. It is followed by notes (f.90v) on what constitutes the state of intoxication invalidating ritual prayer.

Copied in the 17th or 18th cent.

402

Or.9286/4 (f.85r-105v)
Inqādh al-hālikīn

Another copy in an 18th cent. hand.

403

Or.12775/12 (f.91v-99v)
Mu'addil al-ṣalāh

Begins: الحمد لله الذي امر عباده بإقامة الصلوة

Observations by al-Birkawī on the errors and innovations being practised in the 16th cent. in relation to ritual prayer.

Copied in the 17th or 18th cent.

404

Or.9286/3 (f.66v-83v)
Mu'addil al-ṣalāh

Another copy dated 1119/1707.

405

Or.13395/3 (f.22v-26r)
Iqāẓ al-nā'imīn wa-ifhām al-qāṣirīn

Begins: الحمد لله رب العالمين... فهذه رسالة معمولة لإيقاظ النائمين وافهام القاصرين

A refutation by al-Birkawī of a fetwa pronounced by Abū al-Su'ūd Muḥammad ibn Muḥammad (d.982/1574).

Copied in the late 16th cent.

406

Or.11338/59 (f.172r-177v)
Masā'il yantaqiḍu fīhā ḥukm al-ḥākim

Begins: المسائل التي ينتقض فيها حكم الحاكم وعدتها احدى واربعون مسئلة

A citation by Muḥammad ibn 'Abd Allāh, called al-Khaṭīb al-Timurtāshī (d.1004/1595), of forty-one cases in which a legal verdict becomes void.

Copied in 1068/1658.

407

Or.11338/54 (f.149r-154v)
Rad' al-rāghib 'an al-jam' fī ṣalāt al-raghā'ib

Begins: الحمد لله الذي امرنا بالاقتداء بالانبياء والاتباع

A tract by 'Alī ibn Muḥammad, called Ibn Ghānim al-Maqdisī (d.1004/1596), showing that the prayer known as *ṣalāt al-raghā'ib* has no sanction in the Hadith.

Copied in the 17th cent.

408

Or.8042/9 (f.184r-194v)

Begins: قال الامام قاضيخان عليه الرحمة والرضوان رجل له ثلث نسوة فقال واحدة منهن...

A tract containing a Hanafi opinion of an aspect of divorce by "Muṣliḥ al-Dīn Afandī al-shahīr bi-Manū Muṣliḥ al-Dīn",

possibly Muṣliḥ al-Dīn Muṣṭafá ibn Khayr al-Dīn al-Rūmī (d.1025/1616).
Copied in 1024/1615.

409

Or.9563/2 (f.72r-106r)
Malja' al-quḍāh 'inda ta'āruḍ al-bayyināt

Begins: سبحان من لا حجة اقوى من كلامه
A work on Hanafi law by Ghiyāth al-Dīn Ghānim ibn Muḥammad al-Baghdādī (fl.1027/1618), containing instructions to judges in cases of conflicting evidence.
Copied in 1065/1655.

410

Or.8958 (116f.)
Malja' al-quḍāh 'inda ta'āruḍ al-bayyināt
Another copy dated 1279/1863, including an appendix (f.63r-115v).

411

Or.11338/52 (f.137r-139r)
al-Aḥkām al-mulakhkhaṣah fī aḥkām mā' al-ḥimmaṣah

Begins: الحمد لله الذي شرع لنا دينا قيما غير عوج
A tract, composed in 1059/1684 by Ḥasan ibn 'Ammār al-Shurunbulālī (d.1069/1659), to prove that the moisture drawn from sores by the application of chick-pea water does not entail ritual impurity.
Copied in 1068/1657.

412

Or.13425/4 (f.125r-126v)
al-Aḥkām al-mulakhkhaṣah
A second copy dated 1189/1775.

413

Or.11338/53 (f.139v-148v)
Sa'ādat ahl al-Islām bi-al-muṣāfaḥah 'aqīb al-ṣalāh wa-al-salām

Begins: الحمد لله المنعم بالايجاد
A tract composed by al-Shurunbulālī in 1049/1639, on the custom of handshaking after prayer and of greeting on other occasions.
Copied in 1068/1658.

414

Or.12933/2 (f.20v-27r)
Ḥifẓ al-aṣgharayn 'an i'tiqād man za'ama anna al-ḥarām lā yata'addá yantaqilu li-dhimmatayn

Begins: حمدا لمن من علينا بتعليمه الاحكام
A refutation by al-Shurunbulālī of the view that two persons cannot be held responsible for one offence.
Copied in 1141/1729.

415

Or.12775/27 (f.171v)
Risālah fī ḥaqq al-dukhān bi-al-kitāb wa-al-sunnah wa-aqwāl al-fuqahā'

Begins: ويحل لهم الطيبات ويحرم عليهم الخبائث فقال
عبد النافع إن الخبائث جمع
An anonymous tract on smoking, based on the Qur'ān, Hadith and the opinions of jurists.
Copied in the 17th or 18th cent.

416

Or.12775/28 (f.172r)
Risālah fī bayān taḥrīm al-dukhān bi-qawā'id al-shar' al-sharīf

Begins: فافهم تدبر فلأنه إسراف وتبذير

A second anonymous tract condemning smoking as unlawful.

Copied in the 17th or 18th cent.

417

Or.11338/50 (f.133v-135r)
Risālah fī al-wakālah

Begins: الحمد لمن له الهداية في البداية والنهاية

A tract on the power of attorney by Muḥammad Qāḍīzādah, being most probably Muḥammad ibn Muḥammad al-Madanī, called Qāḍīzādah (d.1087/1676).

Copied in the late 17th cent.

418

Or.11338/51 (f.135v-136v)
Risālah fī al-ghirās bi-arḍ al-waqf

Begins: الحمد لله الذي غرس في قلوب اصفيائه محبته

A tract by Qāsim al-Danūsharī on whether trees planted in *waqf* land are the property of the planter or of the *waqf*.

Copied in the 17th cent.

419

Or.12777/11 (f.80r-81v)
Risālah fī lubs al-aḥmar

Begins: الحمد لله وكفى والسلام على عباده الذين اصطفى

A treatise by 'Alim Muḥammad Afandī on the wearing of red.

Copied in the 18th cent.

420

Or.12775/31 (f.180v-181v)
Risālah ma'mūlah fī ḥaqq al-salām alladhī kāna fī khārij al-ṣalāh

Begins: الحمد لله الذي جعلنا من امة محمد

A tract either extracted from or based on a treatise entitled *Mafātīḥ al-ṣalāh*. Followed by an unrelated note (f.182r) on when, according to the Shāfi'ī school, singing and dancing may exceptionally be permitted.

Copied in the 17th or 18th cent.

421

Or.13407/16 (f.119v-120r)
Mawāḍi' 'adam jawāz al-islām [i.e. *al-salām*]

Begins: يكره السلام عند الخطبة لا يرد جوابه

A short tract taken, according to the colophon, from Mafātīḥ al-ṣalāh and attributed to a certain Aḥmad al-Ḥaṣūbī or al-Ḥasawī, on the occasions when Muslims ought not to greet each other with *al-salām*.

Copied in 1163/1749.

422

Or.11105/6 (f.164v-176r)
[Alghāz mūradah fī fann al-furū']

Begins: نحمدك يا من زين صدور العلماء باصناف الفنون

Answers to legal riddles by Ibrāhīm ibn Muḥammad al-Nāqid (fl.1129/1717).

Copied in 1211/1797.

423

Or.10949/1 (f.1v-2v)
al-Maqāṣid al-mumaḥḥaṣah fī bayān kayy al-ḥimmaṣah

Begins: الحمد لله وكفى... وبعد فيقول العبد الفقير... هذه رسالة عملتها في حكم ماء الحمصة التي توضع على الكي في البدن فيجذب المادة إليها

A tract by ʻAbd al-Ghanī ibn Ismāʻīl al-Nābulusī (d.1143/1731) on the use of chick-peas for drawing liquid out of sores, and its effect on one's state of ritual purity.
Copied in the 18th cent.

424

Or.9768/10 (f.121r-131r)
Taḥrīr ʻayn al-athbāt fī taqrīr yamīn al-ithbāt

Begins: الحمد لله الذي شرع الاحكام ليعمل بها العباد وكشف عن الحلال والحرام ليطيعه المكلفون بالاذعان

A tract by ʻAbd al-Ghanī al-Nābulusī on oaths sworn to support one's testimony.
Copied in 1277/1860.

425

Or.9768/11 (f.132r-137r)
al-Tafsīr min al-takfīr fī ḥaqq man ḥarrama nikāḥ al-muʻtaqah ʻalá al-sharīfah

Begins: الحمد لله رب العالمين ... أما بعد فيقول مولانا ... جاءت رسالة لنا إلى دمشق الشام في سنة ثمان عشرة ومائة وألف

Another tract by ʻAbd al-Ghanī al-Nābulusī on an aspect of marriage.
Copied in 1277/1860 like the preceding.

426

Or.9768/12 (f.137v-148v)
Rafʻ al-ʻinād ʻan ḥukm al-tafwīḍ wa-al-isnād fī fiqh al-Ḥanafīyah

Begins: الحمد لله... أما بعد فيقول مولانا... هذه رسالة في بيان حكم التفويض والاسناد في اوقاف العباد

A tract by ʻAbd al-Ghanī al-Nābulusī on the power of attorney in Hanafi law.
Copied in 1277/1860.

427

Or.9768/13 (f.149r-151r)
Risālat ṭāḥūnat kharāb

Begins: الحمد لله ... أما بعد فهذه رسالة في طاحونة قديمة على نهر قرينة عقربا من قرب دمشق الشام خربت من زمان

A tract by the same author on a point of law arising from the rebuilding of a ruined watermill near Damascus.
Copied in 1277/1860.

428

Or.9768/14 (f.151v-156r)
Nafḍ al-jaʻbah fī al-iqtiḍā' min jawf al-Kaʻbah

Begins: الحمد لله الملهم للصواب في السؤال والجواب

A tract by ʻAbd al-Ghanī al-Nābulusī on praying inside the Kaʻbah itself.
Copied in 1277/1860.

429

Or.9768/15 (f.156v-160r)
al-Ghayth al-munajjas fī ḥukm al-maṣbūgh bi-al-najas

Begins: الحمد لله وحده والصلاة على من لا نبي بعده يقول الحقير ... هذه رسالة في بيان حكم الثوب إذا صبغ بالصبغ النجس

A tract by 'Abd al-Ghanī al-Nābulusī on the use of impure substances for dyeing, copied in 1277/1860.

430

Or.9768/16 (f.160v-162r)
Risālat al-tas'īr

Begins: الحمد لوليه ... أما بعد فيقول العبد الفقير ... هذه رسالة عملتها في مسئلة التسعير

A tract by the same author on the laws relating to the regulation of prices.

Copied in 1277/1860.

431

Or.9768/17 (f.162v-164v)
Ithāf man bādara ilá ḥukm al-nushādir

Begins: الحمد لله ... أما بعد فيقول الحقير ... هذه رسالة عملتها في بيان حكم النوشادر الذي يستخرج من كوة الحمامات في مصر

A tract by 'Abd al-Ghanī al-Nābulusī on the effect of contact with vapour given off by legally impure substances such as the ammonia from dovecotes.

Copied in 1277/1860.

432

Or.9768/18 (f.165r-175v)
al-Jawāb al-sharīf lil-ḥaḍrah al-sharīfah fī anna madhhab Abī Yūsuf wa-Muḥammad huwa madhhab Abī Ḥanīfah

Begins: الحمد لله الذي أنزل كتابه الكريم وجعله أصلا لبيان الأحكام في شرعه القويم

Another tract by 'Abd al-Ghanī al-Nābulusī demonstrating that the legal teachings of Abū Yūsuf Ya'qūb ibn Ibrāhīm (d.182/798) and Muḥammad ibn al-Ḥasan al-Shaybānī (d.189/804) are both compatable with those of the founder of the Hanafi school.

Copied in 1277/1860.

433

Or.13407/18 A (f.121v-122r)

Begins: وفي بعض المواضع عن شرح ابن حجر على العباب طال الاختلاف في القهوة على اربعة

A short tract on the lawfulness of coffee, composed by the Hanafi jurist, 'Abd Allāh ibn Muḥammad al-Khādimī (d.1192/1778). From the first line one may assume that the tract is based on a section of *al-I'āb fī sharḥ al-'Ubāb* by Aḥmad ibn Muḥammad, called Ibn Ḥajar al-Haythamī (d.974/1567), a commentary on a manual of Shafi'i law.

Copied in 1163/1749.

434

Or.13407/18 B (f.122v-123v)

Begins: الحمد لوليه والصلوة على نبيه وآله وبعد فاعلم ان امر الدخان شيء كثر فيه الفتاوى

Another, untitled tract by al-Khādimī on the subject of smoking.

Copied in 1163/1749.

435

Or.8953 (100f.)

An 18th cent. notebook belonging to a certain Yaḥyá Efendi, consisting of quotations from various legal works.

436

Or.13427/8 (f.48r-51v)

A fragment from a collection of miscellaneous Hanafi legal decisions, with sources quoted, copied in the 18th cent.

437

Or.8528/1 (f.1v-21r)

Risālah kāfilah bi-bayān ṣiyagh al-'uqūd wa-al-īqā'āt

Begins: الحمد لله حمداً كثيراً كما هو اهله

An anonymous tract on contracts.

Copied in 1241/1825.

438

Or.12842 (16f.)

Risālah tataḍammanu taḥqīq al-ḥaqq fī ḥādithat waqf ikhtalafat fīhā al-ajwibah

Begins: الحمد لله على ما اولى وانعم

A treatise by Muḥammad ibn Maḥmūd al-Jazā'irī (d.1267/1851) touching on the law of bequests.

Copied in 1315/1898.

439

Or.7804/3 (f.52v-74r)

Kashf al-iltibās fī-mā yuḥillu wa-yuḥarrimu min al-ḥarīr fī al-libās

Begins: الحمد لله الذي أوضح لنا معالم الدين وأنار سبيل ما شرعه من الأحكام لعباده المهتدين

A tract, composed in 1261/1845 by Abū Bakr ibn Muḥammad, called al-Mullā (d.1270/1853), on points of law relating to the wearing of silk, with an epilogue of the correct limits of independent reasoning (*ijtihād*) in Islamic law.

Copied in 1290/1873.

440

Or.14459 (79f.)

Marji' al-quḍāh fī masā'il tarjīḥ al-bayyināt

Begins: حمدا لمن اطلع في سماء الهداية شمس اسعد خلقة في البداية والنهاية

A short manual of Hanafi law by Ḥusayn Fikrī ibn Muḥammad Ṭāhir al-Bāṭūmī, including case histories and giving particular attention to the duties and functions of muftis and cadis. With copious marginal annotations.

Copied in 1328/1910.

MISCELLANEOUS MALIKI WORKS

441

Or.14543/2 (f.87v-170r)

Faṣl al-maqāl fī-mā bayna al-sharī'ah wa-al-ḥikmah min al-ittiṣāl

Begins: حمدا لله بجميع محامده

A treatise by the philosopher and Maliki jurist Muḥammad ibn Aḥmad, called Ibn Rushd (d.595/1198), on the lawfulness of studying philosophy.

Copied in 1295/1878.

442

Or.14543/3 (f.170v-172v)

al-Mas'alah allatī dhakarahā Abū al-Walīd fī Faṣl al-maqāl

Begins: ادام الله عزتكم وابقى بركتكم

An explanatory note by Ibn Rushd on the above treatise.

Copied in 1295/1878.

443

Or.13232/2 (f.103v-104r)
al-Muqaddimah al-'Ashmawīyah fī al-'ibādāt

Begins: قال الشيخ ... سألني بعض الاخوان الاصدقاء ان اعمل مقدمة في الفقه على مذهب مالك بن انس

A brief exposition by 'Abd al-Bārī al-'Ashmāwī (fl.16th cent.) of the rites of Islam according to the Maliki school.

Copied by an 18th cent. Maghribī hand.

444

Or.14546 (28f.)
Bushrá al-mu'minīn wa-zajr al-kāfirīn

Begins: يقول راجي المالك المقتدر
المالكي محمد الاسكندري
حمدا لمن اماتنا واحيى
وبعد الموت كل الاحياء احيا

A metrical treatise in a thousand verses (*alfīyah*) by the Maliki scholar Muḥammad ibn 'Abd al-Salām al-Iskandarī (d.1138/1726) on the rites of death and burial, with frequent references to Hadith sources.

Copied in the 18th cent.

445

Or.8694/1 (f.1v-27r)
Risālah wa-ajwibah

Begins: الحمد لله الذي خلق الانسان وصوره وفضله على كثير من خلقه

A tract, together with responses, on the law of purchase and power of attorney composed by the Maliki jurist Sa'īd ibn Yaḥyá al-Jādawī.

Copied in the 19th cent.

446

Or.8694/2 (f.27r-62v)
Jawāb li-ba'ḍ al-mukhālifīn fī madīnat al-Namārah [sic]

Begins: الحمد لله الذي اطلع بين سَمَاء القمر شموس الاسلام

A collection of decisions by the Moroccan Maliki scholar Muḥammad ibn Abī al-Qāsim al-Muṣ'abī.

Copied in the 19th cent.

MISCELLANEOUS SHAFI'I WORKS

447

Or.12775/23 (f.162v-164r)
Risālah fī ḥaqq al-Muslim wa-al-Muslimah

Begins: اعلم ان كل بالغ عاقل يجب عليه في كل يوم وليلة اربعمائة واربعون فرضا

A tract by the famous Shafi'i scholar Abū Ḥāmid Muḥammad ibn Muḥammad al-Ghazālī (d.505/1111) on the daily devotional obligations incumbent on Muslims.

Copied in the 17th or 18th cent.

448

Or.9588 (54f.)
Nihāyat al-rutbah fī ṭalab al-ḥisbah

Begins: احمد الله على النعم واستعينه فيما الزم

A Shafi'i work by 'Abd al-Raḥmān ibn Naṣr al-Shayzarī (d.ca.590/1094) on the rules governing the policing of traders, composed in forty chapters.

Copied in the 15th cent.

449

Or.9221 (78f.)
Nihāyat al-rutbah fī ṭalab al-ḥisbah
Another, 15th or 16th cent., copy.

450

Or.9583/1 (f.1v-20r)
Iqāmat al-dalīl 'alá khaṭa' al-ṣāḥib wa-al-nā'ib wa-al-wakīl

Begins: الحمد لله الذي جعل بعضنا لبعض فتنة

Criticisms, composed in 654/1256 by the Shafi'i jurist Abū Shāmah 'Abd al-Raḥmān ibn Ismā'īl (d.665/1267), of certain contemporary legal decisions relating to marriage.
Copied in 727/1326.

451

Or.9262/1 (f.1r-28r)
Ṭalī'at al-fatḥ wa-al-naṣr ilá ṣalāt al-khawf wa-al-qaṣr

Begins: الحمد لله رب العالمين ... أما بعد فهذه نبذة مسمّاة طليعة الفتح والنصر

A tract by Taqī al-Dīn 'Alī ibn 'Abd al-Kāfī al-Subkī (d.756/1355) on the abbreviation of the ritual prayer in battle.
Copied in 769/1368.

452

Or.9262/4 (f.59r-106v)
Kitāb al-Ḥalabīyāt

Begins: المسئلة الاولى قال الشيخ نجم الدين في الكفاية إن بيع الجزر والشلجم في الأرض قبل قلعة باطل

Answers by Taqī al-Dīn al-Subkī to sixty-five miscellaneous legal questions submitted to him from Aleppo.
Copied in 769/1368.

453

Or.9262/5 (f.107r-162v)
al-Taḥqīq fī mas'alat al-ta'līq

Begins: قال الإمام ... الحمد لله نحمده ونستعينه ونستغفره ونستهديه ونؤمن به ونتوكل عليه ونثنى عليه الخير كله

A criticism by Taqī al-Dīn al-Subkī of a decision on the pronouncement of divorce by Aḥmad ibn 'Abd al-Ḥalīm, called Ibn Taymīyah (d.728/1328).
Copied in 769/1368.

454

Or.9262/6 (f.163r-166v)
al-Ṣanī'ah fī ḍamān al-wadī'ah

Begins: الحمد لله وحده ... أما بعد فإنه يقع السؤال كثيراً عن المودع

A tract by Taqī al-Dīn al-Subkī on surety for deposits.
Copied in 769/1368.

455

Or.9262/7 (f.167r-169v)
Ḥusn al-ṣanī'ah fī ḍamān al-wadī'ah

Begins: الحمد لله وحده ... أما بعد فقد جرى الكلام في الوديعة ونحوها من الأمانات

Another tract by the same author on the same subject.
Copied in 769/1368.

456

Or.9262/8 (f.170r-176v)
al-Nuqūl al-badī'ah fī ḍamān al-wadī'ah

Begins: قال الرافعي رحمه الله مَن مرض مرضاً مخوفاً

A further tract by Taqī al-Dīn al-Subkī

on the same subject.
Copied in 769/1368.

457

Or.9262/12 (f.215r-217v)
Durrat al-ghawwāṣ fī taḍʿīf al-awqāṣ

Begins: الحمد لله الذي جعل معالم الدين شريعةً لِمَن خاض بالاجتهاد في معاني الأخبار

A tract by Taqī al-Dīn al-Subkī on the proportion of the *ṣadaqah* tax to be paid on animals.
Copied in 769/1368.

458

Or.9509/1 (f.1r-4v)
Ḥādithah bi-ʿAkkāʾ

Begins: فُتْيا من صفد وَرَدت على ملك الأمراء بالشام المحروس

A decision, written by Taqī al-Dīn al-Subkī in 754/1353, on the conduct of Frankish traders at Acre.
Copied in 771/1370.

459

Or.9509/2 (f.5v-49r)

Begins: قال شيخ الإسلام ... الحمد لله رب العالمين ... أما بعد فقد وقعت المسئلة فأردت أن أكتب ما عندي فيها

Decisions by Taqī al-Dīn al-Subkī on a variety of subjects, copied in 771/1370.

460

Or.9509/3 (f.49v-63v)
Kitāb al-jirāḥ

Begins: والقتل من اكبر الكبائر

A tract by Taqī al-Dīn al-Subkī on the Shafiʿi law relating to physical attacks on the person.
Copied in 771/1370.

461

Or.9509/4 (f.64v-66v)
Masʾalat birr al-wālidayn

Begins: قال شيخ الإسلام ... مسئلة الذي أراه في بر الوالدين وتحريم عقوقهما

A brief discussion of filial duties, composed by Taqī al-Dīn al-Subkī in Damascus in 754/1353. Followed on f.66v-67v by further short notes on miscellaneous legal questions.
Copied in 771/1370.

462

Or.9764 (56f.)
al-Sayf al-maslūl ʿalá sabb al-rasūl

Begins: قال الشيخ ... الحمد لله المنتصر لأوليائه المنتقم من أعدائه

A work by Taqī al-Dīn al-Subkī on the crime of reviling the Prophet Muhammad and its punishment.
Copied in 1142/1730.

463

Or.9264 (77f.)
Manhaj al-ṣawāb fī qubḥ istiktāb ahl al-Kitāb

A tract in eight chapters by ʿAlī ibn Muḥammad, called Ibn al-Durayhim (d.762/1361), on the undesirability of employing Jews and Christians. Wanting the first folio.
Copied in the 15th cent.

464

Or.11581/2 (f.6r-14v)
al-Kalimāt al-muhimmah fī mubāsharat ahl al-dhimmah

Begins: الحمد لله ... وبعد فإن الله تعالى قد قال وإذ أخذ الله ميثاق الذين أوتوا الكتاب لتبيننه للناس ولا يكتمونه

A tract by ʻAbd al-Raḥīm ibn al-Ḥasan al-Isnawī (d.772/1370), a Shafiʻi, on the treatment of non-Muslim subjects.

Copied in the 14th cent.

465

Or.9044 (67f.)
al-Iqtiṣād fī kifāyat al-ʻuqqād

Begins: الحمد لله الذي يمجد وفي السماء عرشه

A metrical treatise by Aḥmad ibn al-ʻImād al-Aqfahsī (d.808/1405) on marriage.

Copied in 848/1444.

466

Or.9546 (45f.)
Ikrām man yaʻīshu bi-ijtinābihi lil-khamr wa-al-ḥashīsh

Begins: الحمد لله رب العالمين حمداً يوافي نعمه ويكافئ مزيده

A treatise by the same author on the laws relating to intoxicants and narcotics.

Transcribed from the autograph in 899/1494.

467

Or.9767/1 (f.1r-4r)
al-Jawhar al-fard fīmā yukhālifu fīhi al-ḥurr al-ʻabd

Begins: الحمد لله الذي ميّز بين الأحرار والعبيد

A list by Ṣāliḥ ibn ʻUmar al-Bulqīnī (d.868/1464) of regulations applied to slaves, which differ from those applied to freemen. Chapters arranged in the usual order, i.e. *ṭahārah*, *ṣalāh*, etc.

Copied in the 15th cent.

468

Or.9767/2 (f.4r-8r)
al-Qawl al-maqbūl fīmā yuddaʻá fīhi bi-al-majhūl

Begins: الحمد لله الذي بين لنا المعلوم من المجهول وميز القول الصحيح من المعلول

An account by al-Bulqīnī of forty-five cases of settlement of legal claims.

Copied in the 15th cent.

469

Or.9767/3 (f.9r-v)
Naṣīḥat al-aḥbāb fī lubs farw al-sinjāb

Begins: الحمد لله الهادي إلى الصواب

A tract by Muḥammad ibn ʻAbd Allāh, called Ibn Qāḍī ʻAjlūn (d.876/1472), on the uncleanness of ermine and the prohibition of wearing it at prayer and elsewhere. Defective at the end.

Copied in the 15th cent.

470

Or.11338/46 (f.124r-125v)
al-Minḥah fī faḍā'il al-subḥah

Begins: الحمد لله وكفى... وبعد فقد طال السؤال عن السبحة هل لها اصل في السنة الشريفة

A tract by ʻAbd al-Raḥmān ibn Abī Bakr al-Suyūṭī (d.911/1505) on whether the use of prayer-beads is sanctioned by the Sunnah.

Copied in the 17th cent.

471

Or.9589/2 (f.10v-29v)
Risālah fī bayān ḥukm dhabā'iḥ al-mushrikīn

Begins: الحمد لله وحده... اما بعد فهذه رسالة في بيان حكم ذبائح المشركين وما يحل منها وما يحرم على المسلمين

A tract by Abū Bakr ibn 'Abd Allāh, called Ibn Qāḍī 'Ajlūn (d.928/1522), on whether it is lawful to eat the meat from animals slaughtered by non-Muslims. Followed on f.30v-35r by related comments by various contemporary scholars.

Copied in 857/1453.

472

Or.12775/13 (f.100v-116r)
Durar al-ghawwāṣ

Begins: الحمد لله الذي استغنى عن طاعة المطيعين

An anonymous treatise on ritual prayer, based largely on legal decisions. It may be *Durar al-ghawwāṣ 'alá fatāwī sayyidī 'Alī al-Khawwāṣ* by 'Abd al-Wahhāb ibn Aḥmad al-Sha'rānī (d.973/1565).

Copied in the 17th or 18th cent.

473

Or.8866 (7f.)
al-Murabba' fī ḥukm al-'aqd 'alá al-madhāhib al-arba'

Begins: الحمد لله الذي علم الانسان ما لم يعلم

An opinion by 'Abd al-Mu'ṭī ibn Sālim al-Similāwī (d.1127/1715) on the marriage of fatherless girls and of women separated from their husbands.

Copied in 1267/1851.

474

Or.13421/4 (f.9v-10v)

Begins: الحمد لله الحنان المنان

A tract by the Shafi'i scholar Muḥammad ibn 'Abd al-Hādī al-Sindī (d.1138/1726) on the question of tagging the *takbīr* for bowing in ritual prayer directly on to the end of the recitation of the Qur'ān.

Copied in 1206/1791.

475

Or.13421/10 (f.23r-24r)
al-Ṣadaqah fī al-masjid

Begins: الحمد لله المبدئ بالنوال قبل السؤال

Another tract by al-Sindī on whether or not it is lawful to ask for alms within the confines of a mosque.

Copied in 1206/1791.

476

Or.13421/19 (f.32v-33v)
Gharā'ib al-nikāt fī ziyārat al-amwāt

Begins: حامداً ومصلياً ومسلماً وبعد فهذه فوائد نفيسة التقطتها من رسالة شريفة نسبت الى النجم الغيطي

Brief notes by al-Sindī based on a tract attributed to Muḥammad ibn Aḥmad al-Ghayṭī (d.984/1576), a hadith scholar of the Shafii school, regarding the visiting of tombs in order to pray for the dead. The tract referred to is possibly *Ajwibat al-as'ilah fī al-mawtá wa-al-qubūr*.

Copied in 1206/1791.

477

Or.13421/20 (f.33v-34r)
Tuhfat al-azkiyā' 'alá, Wa-al-muḥṣanāt min al-nisā'

Begins: حامداً ومصلياً ومسلماً

Notes by al-Sindī on the implications for Shafi'is of a verse from *Sūrat al-Nisā'* (4.24) on the matter of prohibited degrees in marriage.

Copied in 1206/1791.

478

Or.13421/38 (f.105v-109r)
Qawl al-raḍīn fī anna al-yaqīn lā yazūlu illā bi-yaqīn

Begins: الحمد لله الذي من علينا بنعمته اليقين

A tract by the same author on certainty in law.

Copied in 1207/1792.

MISCELLANEOUS HANBALI WORKS

479

Or.12011 A/2 (f.14v-39v)
Kitāb fī al-ṭibb

Begins: الحمد لله رب العالمين ... قال الشيخ ... هذا كتاب في الطب وضعته على كتاب شيخنا أبي بكر احمد بن محمد بن هرون

A short treatise by Abū Ya'lá Muḥammad ibn al-Ḥusayn (d.458/1066) on aspects of medical treatment in Hanbali law.

Copied in 696/1297.

480

Or.9021 (49f.)
Bughyat al-sālik fī akhbār al-manāsik

Begins: الحمد لله رب العالمين ... اما بعد فهذا مختصر في مناسك الحج نفع الله به

A Hanbali treatise on the rites of the pilgrimage to Mecca. Its author, Ḥusayn ibn Muḥammad ibn 'Abd al-Wahhāb ibn Sulaymān ibn 'Alī ibn 'Abd al-Wahhāb, is presumably the son of the founder of the Wahhabi movement, Muḥammad ibn 'Abd al-Wahhāb (d.1206/1787), although his genealogy differs slightly.

Copied in 1223/1808.

AN UNSPECIFIED SUNNI WORK

481

Or.12793/5 (f.64v-66r)

Begins: لك الحمد يا الله رب البرية

A poem of sixty verses in length on ritual prayer, composed by an anonymous Sunni author.

Copied in the 17th or 18th cent.

Indexes

قائمة اسماء المؤلفين

الابار، احمد بن محمد

- كشف الرواق *٢٨١

ابراهيم حقي

- عروة الاسلام ٢٥٤

ابراهيم الحلبي، بن محمد

- رسالة في الحمصة ٣٥٦
- غنية المتملي ١٠٥، *١٠٦-١٠٨
- مختصر غنية المتملي ١٠٦-١٠٨
- ملتقى الابحر ١٣٢

ابن ابراهيم الحنفي، محمود بن محمد

- الاجمع ١٢٠

ابن ابي زيد القيرواني، عبد الله بن عبد الرحمن

- الرسالة *١٥٤-١٥٦

ابن ابي سنينة، محمد بن عبد الله، انظر: ابن سنينة، محمد بن عبد الله

ابن ابي شريف، محمد بن محمد

- الدرر اللوامع ٣٣

ابن ابي ظاهر، عبد الحميد بن عبد السيد، انظر: البرسفي، عبد الحميد بن عبد السيد

ابن امام الكاملية، محمد بن محمد

- تعليق على الورقات ٢٦

ابن بابويه القمي، محمد بن علي

- من لا يحضره الفقيه ٢٠٥

ابن پيري، ابراهيم بن حسين

- (مجموعة فتاوي) ٣١٩

ابن تيمية، احمد بن عبد الحليم

- (التحقيق في مسئلة التعليق) *٤٥٣

ابن جماعة، محمد بن ابي بكر

- تحرير الاحكام ١٩٠

ابن الحاجب، عثمان بن عمر

- مختصر المنتهى *٢١-٢٥

ابن حبيب، طاهر بن الحسن

- المقتبس المختار *٩

ابن حجر الهيثمي، احمد بن محمد

- الايعاب في شرح العباب *٤٣٣

ابن حماد، يوسف

- العقد المذهب ١٩٦

ابن الدريهم، علي بن محمد

- منهج الصواب ٤٦٣

ابن رشد، محمد بن احمد

- فصل المقال ٤٤١، *٤٤٢
- المسئلة التي ذكرها ابو الوليد في فصل المقال ٤٤٢

ابن زرقون، محمد بن سعيد

- (المعلم بفوائد كتاب مسلم) ١٥٣

ابن الساعاتي، احمد بن علي

- بديع النظام ٥
- مجمع البحرين ١٠٠، *١٠١-١٠٣

ابن السراج القونوي، محمود بن احمد، انظر: القونوي، محمود بن احمد

ابن سراقة، محمد بن يحيى

- (فوائد الفتاوي) *٣١٧

ابن سليمان، محمود بن محمد
- فوائد الفتاوي ٣١٧
ابن سندل، جنيد، انظر : زين الدين الحنفي، جنيد بن سندل
ابن سنينة، محمد بن عبد الله
- المستوعب ٢٠١
ابن سودة، محمد بن الطالب، انظر : التاودي، محمد بن الطالب
ابن شحنة، محمد بن محمد
- ارجوزة لطيفة في الفرائض ٢٦٤
ابن الشهيد الثاني، الحسن بن زين الدين
- معالم الدين *٤٠-٤٥
ابن الصلاح، عثمان بن عبد الرحمن
- فتاوى ابن الصلاح ٣٢٤
- مشكل الوسيط ١٧٢
ابن عاصم، محمد بن علي
- تحفة الحكام *١٦١
ابن عبد العال، محمد
- لسان المفتين ٣١٠
ابن عبد الوهاب، حسين بن محمد
- بغية السالك ٤٨٠
ابن العراقي، احمد بن عبد الرحيم
- تنقيح اللباب *١٦٤-١٦٥
ابن العربي، محمد بن علي
- (فتوى في تنزيهه) *٣٥٤-٣٥٥
ابن علاء الدين، انظر : عالم بن علاء الدين
ابن العماد، احمد
- الاقتصاد في كفاية العقاد ٤٦٥
- اكرام من يعيش باجتنابه الخمر والحشيش ٤٦٦
ابن عوض، عمر بن محمد، انظر : السنامي، عمر بن محمد
ابن غازي، محمد بن احمد
- بغية الطلاب ٢٧٩، *٢٨٠
- الجامع المستوفي ٢٧٨
- شفاء الغليل ١٥٩
ابن غانم المقدسي، علي بن محمد
- ردع الراغب ٤٠٧
ابن الفراء، محمد بن الحسين، انظر : ابو يعلي، محمد بن الحسين
ابن فرشته، عبد اللطيف بن عبد العزيز، انظر : ابن ملك، عبد اللطيف بن عبد العزيز
ابن الفناري، حسن چلبي بن محمد شاه، انظر : الفناري، حسن چلبي بن محمد شاه
ابن فهد، احمد بن محمد
- المذهب البارع ٢١١
ابن القاآني، منصور بن احمد
- شرح المغني ٤
ابن قاضي سماونة، محمود بن اسرائيل
- جامع الفصولين ١٢١-١٢٢، *١٢٣-١٢٤
ابن قاضي عجلون، ابو بكر بن عبد الله
- رسالة في بيان حكم ذبائح المشركين ٤٧١
- عمدة النظار ١٧٦
ابن قاضي عجلون، محمد بن عبد الله
- نصيحة الاحباب ٤٦٩

ابن قدامة، عبد الله بن احمد

- روضة الناظر ٣٦*

- الكافي ٢٠٢-٢٠٣

- المغني ١٩٩

ابن قريش، محمد بن سعيد

- ايضاح كيفية قسمة المال الذي فيه كسر ٢٨١

ابن كمال باشا، احمد بن سليمان

- الاصلاح والايضاح ٨٨

- تعليم الامر في تحريم الخمر ٣٥١

- تغيير التنقيح ١٦-١٧

- جواهر الفرائض ٢٦٦

- رسالة الخضاب ٣٤٨

- رسالة في جواز الاستخلاف ٣٤٩-٣٠٥

- رسالة معمولة على ان الاستيجار على تعليم... ٣٤٧

- رسالة معمولة في ان حد الخمر حد الشرب ٣٤٤

- رسالة معمولة في بيان حقيقة الربا ٣٤٣

- رسالة معمولة في تعليم الامر في تحريم الخمر ٣٤٥

- طبقات الفقهاء ٣٥٢-٣٥٣

- فتوى في تنزيه الشيخ محيي الدين ٣٥٤-٣٥٥

- مسئلة دخول ولد البنت في الموقوف ٢٦٧-٢٦٨

- (رسالة في صلاة الجمعة) ٣٤٦

ابن مازه، عمر بن عبد العزيز، انظر: الصدر الشهيد، عمر بن عبد العزيز

ابن المتقنة، محمد بن علي

- غنية الباحث ٢٨٣*-٢٨٧

ابن المحاملي، احمد بن محمد

- لباب الفقه ١٦٤*-١٦٥

ابن مرزوق، محمد بن احمد، انظر: الحفيد بن مرزوق، محمد بن احمد

ابن مكي، علي بن احمد

- خلاصة الدلائل ٦٥-٦٦

ابن ملك، عبد اللطيف بن عبد العزيز

- شرح تحفة الملوك والسلاطين ٩٤

- شرح مجمع البحرين ١٠١-١٠٣

- شرح منار الانوار ٧-٨

- شرح الوقاية ٨٧

ابن المطهر الحلي، الحسن بن يوسف

- ارشاد الاذهان ٢١٨-٢٢٠، ٢٢١*

- تحرير احكام الشريعة ٢٢٧-٢٢٨

- تذكرة الفقهاء ٣٢٥

- قواعد الاحكام ٢٢٢-٢٢٤، ٢٢٥*-٢٢٦

- مبادئ الوصول ٣٩

- مختلف الشيعة ٢٥٥-٢٥٦

- منتهى المطلب ٢٢٩

- منتهى الوصول ٣٨

ابن المقرئ، اسماعيل بن ابي بكر

- ارشاد الغاوي ١٨٠

- عنوان الشرف الوافي ١٩١-١٩٢

ابن الملقن، عمر بن علي

- تحفة المحتاج ١٨٣

- تذكرة المحتاج ٣١

- علاجة التنبيه ١٨٩

- هادي النبيه ١٧٠

ابن الناقب، عبد القادر بن يوسف
- واقعة المفتين ٣٢٠
ابن الناقد، ابراهيم بن محمد، انظر: الناقد، ابراهيم بن محمد
ابن نجيم، احمد بن زين الدين
- (قائمة مؤلفات ابيه) ٣٩٨
ابن نجيم، زين الدين بن ابراهيم
- الاشباه والنظائر ١٣٣-١٣٥، *١٣٦
- البحر الرائق ١١٥-١١٦، *١١٧
- التحفة المرضية ٣٦٣
- الخير الباقي ٣٥٩
- رسالة الامير خاير بك في شرط كتاب وقفه ٣٧٤
- رسالة شرط وقف الغوري ٣٧٦
- رسالة صورة وقفية اختلف فيها اجوبة ٣٧٧
- رسالة في الاستصحاب ٣٨٩
- رسالة في اقامة القاضي التعزير ٣٦٩
- رسالة في بيان الاقطاعات ومحلها ومن يستحقها ٣٧١
- رسالة في بيان ما يسقط من الحقوق بالاسقاط ٣٧٠
- رسالة في تحرير المقال في مسئلة الاستبدال ٣٦٦
- رسالة في تعليق طلاق الامرأتين ٣٨٢
- رسالة في تقدم الدعوى ٣٩١
- رسالة في التناقض في الدعوى ٣٩٣
- رسالة في حدود الفقه ٣٩٧
- رسالة في الحكم في دعوى فسخ الاجارة ٣٨٦
- رسالة في ذكر الافعال التي تفعل في الصلوة ٣٦٠
- رسالة في الرشوة واقسامها ٣٦٧
- رسالة في السفينة لو غرقت ٣٧٣
- رسالة في شراء جارية تركية ٣٨٠
- رسالة في صورة بيع الوقف ٣٨٧
- رسالة في صورة حجة رفعت الي ٣٨٨
- رسالة في صورة دعوى استبدال عين ٣٨٤
- رسالة في صورة دعوى فسخ الاجارة الطويلة ٣٨٥
- رسالة في الطلاق المعلق على الابراء ٣٦٤
- رسالة في طلب اليمين بعد حكم المالكي ٣٦٥
- رسالة في الكنائس المصرية ٣٦٨
- رسالة في متروك التسمية عمداً ٣٨١
- رسالة في مدرس حنفي وطلبته ٣٨٣
- رسالة في مسائل الابراء ٣٩٤
- رسالة في مسئلة الجبايات ٣٩٥
- رسالة في مسئلة دخول اولاد البنات... ٢٦٩
- رسالة في مكاتب الاوقاف وبطلانها ٣٧٥
- رسالة في النذر بالتصدق ٣٩٠
- رسالة في نكاح الفضولي هل هو صحيح ٣٧٩
- رسالة فيما يبطل دعوى المدعي من قول او فعل ٣٩٢
- رسالة فيمن اشتري شيئا ٣٩٦
- رسالة فيمن يتولي الحكم بعد نائب البلد ٣٧٢
- الرسالة التي استقر الحال عليها ثانيا ٣٧٨
- الرفع الغشاء ٣٦٢
- الفتاوى الزينية ٣٠٨-٣٠٩
- القول النقي ٣٥٧-٣٥٨
- المسئلة الخاصة في الوكالة العامة ٣٦١
- (قائمة مؤلفاته) ٣٩٨
ابن نجيم، عمر بن ابراهيم
- النهر الفائق ١١٨

ابن الهائم، احمد بن محمد
- التحفة القدسية ٢٨٣، *٢٨٤
- رسالة في عمل المناسخات ٢٨٩
ابن هبيرة، يحيى بن محمد
- اختلاف العلماء ٢٤٩
ابن الهمام، محمد بن عبد الواحد
- الفتاوى السراجية ٣٠٥
ابن الوردي، عمر بن مظفر
- الوسائل المهذبة المتضمنة ٢٦٢
ابن الوزير، ابراهيم بن محمد، انظر: الوزيري، ابراهيم بن محمد
ابن ولي الدين، احمد
- الهامية قوله المعذور ١٢٨
ابو جعفر الطوسي، محمد بن الحسن
- المبسوط في الفقه ٢٠٦
ابو السعود، محمد بن محمد
- (رد على فتوى) *٤٠٥
ابو شامة، عبد الرحمن بن اسماعيل
- اقامة الدليل ٤٥٠
ابو شجاع، احمد بن الحسين، انظر: الاصفهاني، احمد بن الحسين
ابو الفضل الموصلي، عبد الله بن محمود
- الاختيار لتعاتيل المختار ٩٨-٩٩
ابو الليث السمرقندي، نصر بن محمد
- خزانة الفقه ٥٥
- فتاوى ابي الليث السمرقندي ٢٩٧
- مقدمة الصلوة ٥٦، *٥٧
ابو يعلي، محمد بن الحسين
- رؤوس المسائل ٢٤٤
- كتاب في الطب ٤٧٩
الاذراعي، سليمان بن وهيب
- الزيادات على الهداية ٨٢
الاربلي، احمد بن موسي، انظر: شرف الدين الاربلي، احمد بن موسي
الاردبيلي، احمد بن محمد
- مجمع الفائدة والبرهان ٢٢١
الارموي، محمد بن عبد الرحيم، انظر: الصفي الهندي، محمد بن عبد الرحيم
الاسدي، احمد بن محمد، انظر: ابن فهد، احمد بن محمد
الاسروشني، محمد بن محمود
- جامع احكام الصغار ٩٢
الاسكندري، محمد بن عبد السلام
- بشرى المؤمنين وزجر الكافرين ٤٤٤
الاسكوبي
- فتاوى اوسكوبي ٣١٢
الاسمندي، محمد بن عبد الحميد، انظر: العلاء الاسمندي، محمد بن عبد الحميد
الاسنوي، عبد الرحيم بن الحسن
- تذكرة النبيه ١٦٩
- جواهر البحرين ١٨٦
- الكلمات المهمة في مباشرة اهل الذمة ٤٦٣
الاصفهاني، احمد بن الحسي
- غاية الاختصار *١٧٥-١٧٨

الاصفهاني، هبة الله بن نجم الدين
- جواهر العلوم من مسائل الفرائض ٢٧٣
الافسنجي، محمود بن محمد
- حقائق المنظومة ٢٤٦-٢٤٧
الاقطع، احمد بن محمد
- شرح مختصر القدوري ٦٢
الاقفهسي، احمد بن العماد، انظر: ابن العماد، احمد
اكمل الدين الباتلي، انظر: البابرتي، محمد بن محمد
امام الحرمين، عبد الملك بن عبد الله
- الورقات *٢٦
امامزاده، محمد بن ابي بكر
- شرعة الاسلام ٧١-٧٢، *٧٣
الانفاسي، يوسف بن عمر
- تقييد على رسالة ابن ابي زيد القيرواني ١٥٤-١٥٥
الايجي، عبد الرحمن بن احمد، انظر: عضد الدين
الايجي، عبد الرحمن بن احمد
الايديني، رسول بن صالح
- الفتاوى العدلية ٣١١
البابرتي، محمد بن محمد
- رسالة في ترجيح الفقه على مذهب ابي حنيفة ١٨
الباتلي، اكمل الدين، انظر: البابرتي، محمد بن محمد
البازلي، محمد بن داود
- بغية الطالبين ٣٥
الباطومي، حسين فكري بن محمد طاهر
- مرجع القضاة ٤٤٠
بدر الدين العيني، محمود بن احمد
- منحة السلوك ٩٥
البرسفي، عبد الحميد بن عبد السيد
- مذهب الغوامض ٢٩٢
البركوي، محمد بن پير علي
- انقاذ الهالكين ٤٠١-٤٠٢
- ايقاظ النائمين ٤٠٥
- رسالة ذخرة المتأهلين والنساء ٣٩٩
- رسالة عدلية ٤٠٠
- معدل الصلوة ٤٠٣-٤٠٤
البرهان الطرابلسي، ابراهيم بن موسى
- الاسعاف في احكام الاوقاف ٣٢٨
البروسوي، يعقوب بن سيد علي
- مفاتيح الجنان ٧٣
البزازي، محمد بن محمد
- الجامع الوجيز ٣٠٤
البزدوي، علي بن محمد
- كنز الوصول *١
البسطامي، علي بن محمد، انظر: مصنفك، علي بن محمد
البعلي، علي بن عباس
- المختصر في اصول الفقه ٣٧
البغدادي، غانم بن محمد، انظر: غياث الدين البغدادي، غانم بن محمد
البلدحي، عبد الله بن محمود، انظر: ابو الفضل الموصلي، عبد الله بن محمود
البلقيني، صالح بن عمر
- الجوهر الفرد فيما يخالف فيه الحر العبد ٤٦٧
- القول المقبول فيما يدعى فيه بالمجهول ٤٦٨
بنيس، محمد بن احمد، انظر: محمد بنيس، بن احمد

بهاء الدين العاملي، محمد بن حسين
- زبدة الاصول ٤٦
البهبهاني، محمد باقر بن محمد اكمل
- حاشية على المعالم ٤٣
البيضاوي، عبد الله بن عمر
- الغاية القصوي ١٧٣
- منهاج الوصول ٢٩، *٣٠-٣١
پيريزاده، ابراهيم بن حسين، انظر: ابن پيري، ابراهيم بن حسين
تاج الدين السبكي، عبد الوهاب بن علي
- الابهاج ٣٠
- جمع الجوامع *٣٣-٣٥
التاودي، محمد بن الطالب
- حلي المعاصم لبنت فكر ابن عاصم ١٦١
التفتازاني، مسعود بن عمر، انظر: السعد التفتازاني، مسعود بن عمر
تقي الدين الحصني، ابو بكر بن محمد
- كفاية الاخيار ١٧٥
تقي الدين السبكي، علي بن عبد الكافي
- الابهاج ٣٠
- التحقيق في مسئلة التعليق ٤٥٣
- كتاب الجراح ٤٦٠
- حادثة بعكاء ٤٥٨
- حسن الصنيعة ٤٥٥
- الحلبيات ٤٥٢
- درة الغواص ٤٥٧
- السيف المسلول ٤٦٢
- الصنيعة ٤٥٤
- طليعة الفتح والنصر ٤٥١
- كشف الغمة ٢٨٨
- مسئلة بر الوالدين ٤٦١
- النقول البديعة ٤٥٦
- (مجموعة مسائل) ٤٥٩
التمرتاشي، صالح بن احمد
- تنوير الابصار *١٣٩
التمرتاشي، محمد بن عبد الله، انظر: الخطيب التمرتاشي، محمد بن عبد الله
الجادوي، سعيد بن يحيى
- رسالة واجوبة ٤٤٥
الجرجاني (عاش قبل ٧٠٠هـ)
- مختلف الاصحاب ٢٥٣
الجرجاني، علي بن محمد
- الحواشي الجديدة على شرح المختصر ٢٤-٢٥
- الفرائض الشريفية ٢٦١
الجزائري، محمد بن محمود
- رسالة تتضمن تحقيق الحق في حادثة وقف ٤٣٨
جلال الدين المحلي، محمد بن احمد
- البدر الطالع *٣٣-٣٥
الجمالي، علي بن احمد
- مختارات الهداية ٩١
الجمالي، فضيل بن علي، انظر: فضيل الجمالي، بن علي
الجندي، خليل بن اسحاق، انظر: خليل بن اسحاق
الجويني، عبد الملك بن عبد الله، انظر: امام الحرمين، عبد الملك بن عبد الله

جيلاني، محمد بن رضائي

- (حاشية على معالم الاصول) ٤٥

الحساني، محمد بن محمد

- تحفة الرائد *٢٩٠

الحسيني، محمد ابراهيم بن الحسين

- بحر الحقائق ٢٣٩

الحسيني، محمد بن محمود

- عروس الخلوة ٣٣٨

الحصني، ابو بكر بن محمد، انظر: تقي الدين الحصني، ابو بكر بن محمد

الحصوبي، احمد

- مفاتيح الصلوة *٤٢٠-٤٢١

الحصوي، احمد، انظر: الحصوبي، احمد

الحصيري، محمود بن احمد

- تحرير في شرح الجامع الكبير ٥١-٥٢

الحفيد بن مرزوق، محمد بن احمد

- شرح مختصر خليل ١٥٨

حقي، ابراهيم بن اسماعيل، انظر: ابراهيم حقي

الحلبي، ابراهيم بن محمد، انظر: ابراهيم الحلبي، بن محمد

الحلي، جعفر بن الحسن، انظر: المحقق الحلي، جعفر بن الحسن

حمدون، احمد بن محمد، انظر: الابار، احمد بن محمد

الحموي، علي بن عطية، انظر: علوان، علي بن عطية

الحموي، محب الدين بن تقي الدين

- عمدة الحكام ١٣٧

الحوفي، احمد بن محمد

- كتاب الفرائض *٢٧٧-٢٧٨

الحويزي، جعفر بن عبد الله

- حاشية شرح اللمعة ٢٣٣

الخادمي، عبد الله بن محمد

- (رسالة في التدخين) ٤٣٤

- (رسالة في القهوة) ٤٣٣

الخادمي، محمد بن مصطفى

- مجامع الحقائق والقواعد ٢٠

الخاصي، يوسف بن احمد

- الفتاوى الصغرى ٣٠٠

الخبازي، عمر بن محمد

- المغني *٤

الختلي، محمد بن عبد الله

- شرح مختصر القدوري ٦٤

الخرقي، عمر بن الحسين

- المختصر في الفقه *١٩٩-٢٠٠

الخصاف، احمد بن عمر

- احكام الوقوف ٣٢٦، *٣٢٧-٣٢٨

- آداب القاضي *٥٤

- الحيل ٢٩٦

الخصالي، عبد الرحمن بن ايوب

- المجموعة المنقولة عن الكتب المقبولة ٣١٦

الخطيب التمرتاشي، محمد بن عبد الله

- فيض الغفار شرح ما انتخب من المنار ٩

- المسائل التي ينتقض فيها حكم الحاكم ٤٠٦

- منح الغفار ١٣٩

- (ترتيب الفتاوي الزينية) ٣٠٨-٣٠٩
الخطيب الشربيني، محمد بن احمد
- الاقناع ١٧٧-١٧٨
الخلاطي، محمد بن عباد
- تلخيص الجامع الكبير ٥٣
خليفة سلطان، حسين بن محمد، انظر : سلطان العلماء، حسين بن محمد
خليل بن اسحاق
- المختصر في الفقه *١٥٨-١٦٠
خواهرزاده، محمد بن الحسين
- المشكلات في شرح القدوري ٦٣
الدردير، احمد بن محمد
- منح القدير ١٦٠
الدمراجي، قاسم بن حسين
- النطف الحسان ١٢٥
الدميري، محمد بن موسي
- النجم الوهاج ١٨٤
الدنوشري، قاسم
- رسالة في الغراس بارض الوقف ٤١٨
الرازي، محمد بن ابي بكر
- تحفة الملوك ٩٣، *٩٤-٩٦
الرازي، محمد بن عمر، انظر : الفخر الرازي، محمد بن عمر
الرافعي، عبد الكريم بن محمد
- الشرح الصغير ١٧١
- فتح العزيز *١٧١
- المحرر *١٨١-١٨٢
الرجراجي، عيسى بن عبد الرحمن، انظر : السكتاني، عيسى بن عبد الرحمن
الرحبي، محمد بن علي، انظر : ابن متقنة، محمد بن علي
الرسموكي، احمد بن سليمان
- كشف الحجاب ٢٨٢
الرشيدي، محمد بن عيسى
- عنوان الفضل وطراز ملك العدل ٢٠٤
الروداني، احمد بن الحسن
- جملة من اجوبة شيخنا الامام ٣٢٣
الزاهدي الغزميني، مختار بن محمود
- قنية المنية ٣٠٢، *٣٠٣
الزركشي، محمد بن بهادر
- شرح الخرقي ٢٠٠
زكريا الانصاري، بن محمد
- تحفة الطلاب ١٦٤-١٦٥
- فتح الوهاب *١٨٥
- منهج الطلاب *١٨٥
الزوزني، محمد بن محمود
- ملتقى البحار ٢٤٨
الزيلعي، عثمان بن علي
- تبيين الحقائق ١١٤
الزيلعي، محرم بن محمد، انظر : محرم بن محمد
زين الدين الحنفي، جنيد بن سندل
- توفيق العناية ٨٦
الساقزي، صادق محمد بن علي
- صرة الفتاوي ٣١٤

السامري، محمد بن عبد الله، انظر: ابن سنينة، محمد بن عبد الله
السبكي، عبد الوهاب بن علي، انظر: تاج الدين السبكي، عبد الوهاب بن علي
السبكي، علي بن عبد الكافي، انظر: تقي الدين السبكي، علي بن عبد الكافي
السجاوندي، محمد بن محمد
- السراجية ٢٥٨-٢٥٩، *٢٦٠-٢٦١
سحنون، عبد الرحمن بن سعيد
- المدونة الكبرى ١٤٨
السعد التفتازاني، مسعود بن عمر
- تتمة شرح الشرح ٢٣
- التلويح ١٣-١٥
السغناقي، حسين بن علي
- الكافي شرح اصول البزدوي ١
السكتاني، عيسى بن عبد الرحمن
- جملة من اجوبة شيخنا الامام ٣٢٣
السلامي، محمد بن ابراهيم، انظر: محمد السلامي، بن ابراهيم
سلطان العلماء، حسين بن محمد
- حاشية على المعالم ٤٠-٤١
السمرقندي، شمس الدين محمد
- الفصول في علم الخلاف *٢٥١
السمرقندي، محمد بن احمد
- تحفة الفقهاء *٦٧
السمرقندي، محمد بن يوسف
- جامع الفتاوي ٢٩٩
- الفقه النافع ٦٨، *٦٩-٧٠
- الملتقات في الفتاوي الحنفية ٢٩٨
السمرقندي، نصر بن محمد، انظر: ابو الليث السمرقندي، نصر بن محمد
السمعاني، حسين بن محمد، انظر: السمنقاني، حسين بن محمد
السملالي، ابراهيم بن ابي القاسم
- اجمحة الغراب *٢٨٢
السملاوي، عبد المعطي بن سالم
- المربع في حكم العقد ٤٧٣
السمنقاني، حسين بن محمد
- خزانة المفتين ١١٩
السمهودي، علي بن عبد الله
- صدح السواجع ٣٤
السنامي، عمر بن محمد
- نصاب الاحتساب ٣٣٤-٣٣٥
سنبلزاده، محمد وهبي
- توفيق الإله ١٣٦
السنجاري، عبد الله بن علي
- روح الشروح ٢٦٠
السندي، رحمة الله بن عبد الله
- المنسك الاوسط *١٣٨
السندي، محمد بن عبد الهادي
- تحفة الازكياء ٤٧٧
- الصدقة في المساجد ٤٧٥
- غرائب النكات ٤٧٦
- قول الرضين ٤٧٨

- (رسالة في تلاوة القرآن في الصلاة) ٤٧٤

السيوطي، عبد الرحمن بن ابي بكر

- الاشباه والنظائر ١٩٣
- المنحة في فضائل السبحة ٤٧٠

الشاهرودي، علي بن محمد، انظر: مصنفك، علي بن محمد

الشربيني، محمد بن احمد، انظر: الخطيب الشربيني، محمد بن احمد

شرف الدين الاربلي، احمد بن موسي

- غنية الفقيه ١٦٨

شرف الدين الغزي، بن عبد القادر

- (رسالة في وقف على اولاد الاولاد) ٢٧١

الشرنبلالي، حسن بن عمار

- الاحكام الملخصة في احكام ماء الحمصة ٤١١-٤١٢
- امداد الفتاح ١٤٠-١٤١
- حفظ الاصغرين ٤١٤
- سعادة اهل الاسلام ٤١٣
- غنية ذوي الاحكام ١٣١
- مراقي الفلاح ١٤٢
- نور الايضاح ونجاة الارواح *١٤٠-١٤٢

الشرواني، محمد بن الحسن

- حاشية على المعالم ٤٢

الشريف الجرجاني، علي بن محمد، انظر: الجرجاني، علي بن محمد

الشعراني، عبد الوهاب بن احمد

- درر الغواص *٤٧٢
- الميزان الشعرانية ١٩٥

الشمري، ابراهيم بن عبد الله

- (اجازة اتمام الدراسة) ٢٩٣

الشنشوري، عبد الله بن محمد

- الفوائد الشنشورية ٢٨٧

الشهرزوري، عثمان بن عبد الرحمن، انظر: ابن الصلاح، عثمان بن عبد الرحمن

الشهيد الاول، محمد بن مكي

- الدرة الالفية *٢٣٠
- اللمعة الدمشقية *٢٣١-٢٣٤

الشهيد الثاني، زين الدين بن علي

- الروضة البهية ٢٣١-٢٣٢
- مسالك الافهام ٢١٣-٢١٧
- المقاصد العلية ٢٣٠

الشوبري، محمد بن احمد

- حاشية على شرح المنهج ١٨٥

الشيباني، محمد بن الحسن

- الجامع الصغير ٤٨
- الجامع الكبير *٥٠-٥٣
- المبسوط ٤٩
- (رسالة في مذهب محمد الشيباني) *٤٣٢

الشيباني، يحيى بن هبيرة، انظر: ابن هبيرة، يحيى

شيخزاده، صنع الله بن عبد الرحيم

- مسائل نادرة ٣١٨

الشيرازي، ابراهيم بن علي

- التنبيه في الفقه *١٦٨-١٧٠
- المذهّب في المذهب ١٦٧

الشيزري، عبد الرحمن بن نصر
- نهاية الرتبة ٤٤٨-٤٤٩
صدر الشريعة الاصغر، عبيد الله بن مسعود
- تنقيح الاصول *١٠-١٧
- التوضيح في حل غوامض التنقيح ١٠-١٢، *١٣-١٥
- شرح الوقاية ٨٤-٨٥
- النقاية ٩٠-٩١، *١٢٦
الصدر الشهيد، عمر بن عبد العزيز
- شرح آداب القاضي ٥٤
الصرصري، سليمان بن بن عبد القوي
- البلبل ٣٦
الصفي الهندي، محمد بن عبد الرحيم
- نهاية الوصول ٣٢
صلاح الدين العلائي، خليل بن كيكلدي
- المجموع المذهّب في قواعد المذهب ١٨٨
الطباطبائي، محمد بن علي
- مناهل الاحكام ٢٤٠
الطبري، احمد بن عبد الله، انظر: محب الدين الطبري، احمد بن عبد الله
الطحاوي، احمد بن محمد
- الجامع الكبير في الشروط *١٦٣
الطرابلسي، ابراهيم بن موسي، انظر: البرهان الطرابلسي، ابراهيم بن موسي
الطوري، علي بن عبد الله
- متمم البحر الرائق ١١٧
الطوسي، محمد بن الحسن، انظر: ابو جعفر الطوسي، محمد بن الحسن
الطوفي، سليمان بن عبد القوي، انظر: الصرصري، سليمان بن عبد القوي
العادلي، ابراهيم بن سليمان
- لسان المفتين ٣١٠
عالم بن علاء الدين
- الفتاوى التاتارخانية ٣٠٦-٣٠٧
عالم محمد
- رسالة في لبس الاحمر ٤١٩
العاملي، زين الدين بن علي، انظر: الشهيد الثاني، زين الدين بن علي
العاملي، محمد بن الحسن، انظر: محمد بن الحسن
العاملي، محمد بن حسين، انظر: بهاء الدين العاملي، محمد بن حسين
عبد الغفار القزويني، بن عبد الكريم
- الحاوي الصغير *١٧٩-١٨٠
عبد الغني النابلسي، بن اسماعيل
- اتحاف من بادر الي حكم النوشادر ٤٣١
- تحرير عين الاثبات ٤٢٤
- التفسير من التكفير ٤٢٥
- الجواب الشريف في مذهب ابي يوسف ومحمد ٤٣٢
- خلاصة التحقيق ١٩
- رسالة التسعير ٤٣٠
- رسالة طاحونة خراب ٤٢٧
- رفع العناد ٤٢٦
- الغيث المنجس ٤٢٩
- المقاصد الممحصة ٤٢٣
- نفض الجعبة ٤٢٨

العتابي، احمد بن محمد
- شرح الجامع الكبير ٥٠
العراقي، احمد بن عبد الرحيم، انظر : ابن العراقي، احمد بن عبد الرحيم
عزمي‌زاده، مصطفى بن محمد
- حاشية على درر الحكام ١٢٩-١٣٠
العشماوي، عبد الباري
- المقدمة العشماوية في العبادات ٤٤٣
عضد الدين الايجي، عبد الرحمن بن احمد
- شرح مختصر ابن الحاجب ٢٢، *٢٣-٢٥
العلاء الاسمندي، محمد بن عبد الحميد
- شرح مختلف الرواية ٢٤٥
العلائي، خليل بن كيكلدي، انظر : صلاح الدين العلائي، خليل بن كيكلدي
علوان، علي بن عطية
- مصباح الهداية *١٩٤
علي زين الدين، بن محمد
- الزهرة الذوية ٢٣٢
العمادي، محمد بن محمد، انظر : ابو السعود، محمد بن محمد
العيني، محمود بن احمد، انظر : بدر الدين العيني، محمود بن احمد
الغزالي، محمد بن محمد
- رسالة في حق المسلم والمسلمة ٤٤٧
- الوجيز *١٧١
- الوسيط *١٧٢-١٧٣
الغزميني، مختار بن محمود، انظر : الزاهدي الغزميني، مختار بن محمود
الغزنوي، احمد بن محمد
- المقدمة الغزنوية ٧٤-٧٦
الغزنوي، قاسم بن حسين، انظر : الدمراجي، قاسم بن حسين
الغزي، شرف الدين بن عبد القادر ، انظر : شرف الدين الغزي، بن عبد القادر
غياث الدين البغدادي، غانم بن محمد
- ملجأ القضاة عند تعارض البينات ٤٠٩-٤١٠
الغيطي، محمد بن احمد
- اجوبة الاسئلة في الموتى والقبور *٤٧٦
الفارابي، احمد بن يوسف
- زلة القارئ ٣٣١
الفخر الرازي، محمد بن عمر
- المحصول ٢٧-٢٨
الفرامي، بدر الدين
- (ابيات فارسية في تلاوة الفاتحة) ٣٣١
الفرضي، يحيى بم تقي الدين
- الكشف الرائض ٢٩٠
فضيل الجمالي، بن علي
- آداب الاوصية ٢٧٠
الفناري، حسن چلبي بن محمد شاه
- كتاب الصلح ٣٤١
الفناري، محمد بن علي
- حاشية على شرح الفرائض ٢٦٥
فيض الكاشي، محمد بن مرتضى
- مفاتيح الشرائع ٢٣٦

- نخبة وجيزة في الحكمة العملية ٢٣٥
- الوافي ٢٣٧

القاآني، منصور بن احمد، انظر : ابن القاآني، منصور بن احمد

القارصي، سعدي عثمان بن الحبيب

- الشبع بالطريق الاولي ٢٥

قارئ الهداية، عمر بن علي

- الفتاوى السراجية ٣٠٥

القارئ الهروي، علي بن سلطان محمد

- المسلك المتقسط ١٣٨

قاضيزاده، محمد

- رسالة في الوكالة ٤١٧

القدوري، احمد بن محمد

- مختصر القدوري ٥٨-٦١، *٦٢-٦٦

القرشي، عبد الرحمن بن يحيى

- طريقة بديعة لعمل الفرائض بالكسور ٢٨٠

القرماني، مصطفى بن زكريا

- التوضيح ٥٧

القزويني، عبد الغفار بن عبد الكريم، انظر : عبد الغفار القزويني، بن عبد الكريم

القسطموني، محمد بن عبد الله

- فتاوى اوسكوبي ٣١٢

القطاني، عمر بن علي، انظر : قارئ الهداية، عمر بن علي

القمي، ابو القاسم بن الحسن

- القوانين المفردة المحكمة ٤٤

القهستاني، محمد

- جامع الرموز ٨٩-٩٠

القونوي، علي بن اسماعيل

- شرح الحاوي الصغير ١٧٩

القونوي، محمود بن احمد

- البغية ٣٠٣

القيصري، عبد المحسن بن محمد

- المنظومة ٢٦٣

الكاشاني، ابو بكر بن مسعود

- بدائع الصنائع ٦٧

الكاشاني، محمد بن مرتضى، انظر : فيض الكاشي، محمد بن مرتضى

الكاشغري، محمد بن محمد

- منية المصلي ١٠٤، *١٠٥-١٠٨

الكردري، محمد بن محمد

- الوجيز في الفتاوي ٣٠١

الكركي، علي بن عبد العلي

- جامع المقاصد ٢٢٥-٢٢٦

كمال پاشازاده، احمد بن سليمان، انظر : ابن كمال باشا، احمد بن سليمان

الكواكبي، محمد بن حسن

- الفوائد السمية ١٤٤

الكيداني، لطف الله النسفي الفاضل

- مطالب المصلي ٣٣٦-٣٣٧

اللامشي، محمود بن زيد

- اصول الفقه ٢

المارديني، محمد بن محمد سبط

- اللمعة الشمسية ٢٨٤

المازري، محمد بن علي
- المُعلِم ١٥٣
المازندراني، محمد تقي بن علي، انظر: النوري، محمد تقي بن علي
مالك بن انس
- (المدونة) ١٤٨-١٥٢
مانو مصلح الدين
- (رسالة في الطلاق) ٤٠٨
الماوردي، علي بن محمد
- الاحكام السلطانية ١٦٦
المجاهد، محمد بن علي، انظر: الطباطبائي، محمد بن علي
المحاملي، احمد بن محمد، انظر: ابن المحاملي، احمد بن محمد
محب الدين الطبري، احمد بن عبد الله
- غاية الاحكام ١٨٧
المحبوبي، عبيد الله بن مسعود، انظر: صدر الشريعة الاصغر، عبيد الله بن مسعود
المحبوبي، محمود بن عبيد الله
- وقاية الرواية ٨٣، *٨٤-٩٠
محرم بن محمد
- هدية الصعلوك ٩٦
المحقق الحلي، جعفر بن الحسن
- شرائع الاسلام ٢٠٧، *٢٠٨-٢١٧
- النافع في مختصر الشرائع ٢٠٨-٢١٠، *٢١١-٢١٢
المحلي، محمد بن احمد، انظر: جلال الدين المحلي، محمد بن احمد
محمد بن الحاج علي
- امداد الحكام ٣١٣
محمد بن الحسن
- كشف الرموز الخفية ٢٣١
محمد بنيس، بن احمد
- نزهة ذوي اللباب ٢٨٠
محمد السلامي، بن ابراهيم
- شرح الرحبية ٢٨٥
محمد هاشم بن محمد صالح
- الروضة البهية ٢٣٤
المرعشي، محمد وهبي، انظر: سنبلزاده، محمد وهبي
المرغيناني، عبد الرحيم بن ابي بكر
- فصول الاحكام ٩٧
المرغيناني، علي بن ابي بكر
- بداية المبتدئ ٧٧، *٧٨-٩١
- الهداية شرح البداية ٧٨-٨٠، *٨١-٩١
مسلم بن حجاج
- الجامع الصحيح *١٥٣
المسيلي، عبد الله بن محمد
- شرح اصول ابن الحاجب ٢١
المصعبي، محمد بن ابي القاسم
- جواب لبعض المخالفين ٤٤٦
مصلح الدين الرومي، مصطفى بن خير الدين
- (رسالة في الطلاق) *٤٠٨
مصلي، الشيخ
- مناسك جناب الشيخ مصلي ٢٤١

مصنفك، علي بن محمد
- الحدود والاحكام ٣٣٩
المقدسي، عبد الله بن احمد، انظر: ابن قدامة، عبد الله بن احمد
المقدسي، علي بن محمد، انظر: ابن غانم المقدسي، علي بن محمد
المكناسي، محمد بن احمد، انظر: ابن غازي، محمد بن احمد
الملا، ابو بكر بن محمد
- كشف الالتباس ٤٣٩
ملا حسين، بن اسكندر
- مجمع المهمات الدينية ١٤٣
ملا خسرو، محمد بن فرامرز
- درر الحكام ١٢٧، *١٢٨-١٣١
- رسالة في جواز المسح على الخفين ٣٤٠
ملا محسن، محمد بن مرتضى، انظر: فيض الكاشي، محمد بن مرتضى
المنوفي، عبد الجواد بن محمد
- الفتاوى المنوفية ٣١٥
المهدي لدين الله، احمد بن يحيى
- الازهار ٢٤٣
الموصلي، عبد الله بن محمود، انظر: ابو الفضل الموصلي، عبد الله بن مسعود
الميرغني، محمد امين بن حسن
- فتاوى ٣٢١
- (ترتيب الفتاوي السراجية) ٣٠٥
النابلسي، عبد الغني بن اسماعيل، انظر: عبد الغني النابلسي، بن اسماعيل
الناصحي، عبد الله بن الحسين
- الجمع بين وقفي الهلال والخصاف ٣٢٧
الناقد، ابراهيم بن محمد
- الغاز موردة في فن الفروع ٤٢٢
النجراني، عطية بن محمد
- الرياض الوردية ٢٤٢
النحريري، ابو الارشاد عبد الله
- (رسالة في الفرائض) ٢٧٥
النسفي، عبد الله بن احمد
- الكافي ١١٠
- كنز الدقائق ١١١-١١٣، *١١٤-١١٨
- المستصفي ٦٩-٧٠
- منار الانوار ٦، *٧-٩
- الوافي ١٠٩، *١١٠
النسفي، عمر بن محمد
- زلة القارئ ٣٣٠
- المنظومة في الخلافيات *٢٤٥-٢٤٨
النسفي، محمد بن محمد
- (شرح النكت الاربعين) ٣٣٢
نشانجيزاده، محمد بن احمد
- تنوير الجنان ١٢٤
- نور العين ١٢٣-١٢٤
نقيبزاده، عبد القادر بن يوسف، انظر: ابن النقيب، عبد القادر بن يوسف
النوري، محمد تقي بن علي
- مدارج الوصول ٤٧

النووي، يحيى بن شرف

- تصحيح التنبيه *١٦٩

- الدقائق ١٨١-١٨٢

- منهاج الطالبين *١٨١-١٨٥

النيسابوري، مسعود بن محمد

- الهادي ١٧٤

هلال الرأي، بن يحيى

- احكام الوقف *٣٢٧-٣٢٨

الهندي، محمد بن عبد الرحيم، انظر : الصافي الهندي،
محمد بن عبد الرحيم

الواني، محمد بن مصطفى

- تعليقات على درر الحكام *١٢٨

الوتار، نعمة الله

- الفتح المنان ١٩٤

الوزيري، ابراهيم بن محمد

- هداية الافكار ٢٤٠

يحيى افندي

- (كشكول محامٍ) ٤٣٥

قائمة العناوين

الابهاج في شرح المنهاج ٣٠
اتحاف من بادر الى حكم النشادر ٤٣٠
اجنحة الغراب في معرفة الفرائض والحساب *٢٨٢
اجوبة الاسئلة في الموتى والقبور *٤٧٦
الاجمع في شرح المجمع ١٢٠
الاحكام السلطانية ١٦٦
الاحكام الملخصة في احكام ماء الحمصة ٤١١ـ٤١٢
احكام الوقف *٣٢٧ـ٣٢٨
احكام الوقوف ٣٢٦، *٣٢٧ـ٣٢٨
اختلاف العلماء ٢٤٩
الاختيار لتعليل المختار ٩٨ـ٩٩
آداب الاوصية ٢٧٠
الآداب الدينية للخزانة المغيثية ٣٢٩
آداب القاضي *٥٤
ارجوزة لطيفة في الفرائض ٢٦٤
ارشاد الاذهان الى احكام الايمان ٢١٨ـ٢٢٠، *٢٢١
ارشاد الغاوي في مسالك الحاوي ١٨٠
الازهار في فقه الائمة الاخيار ٢٤٣
الاسعاف في احكام الاوقاف ٣٢٨
الاشباه والنظائر لابن نجيم ١٣٣ـ١٣٥، *١٣٦
الاشباه والنظائر للسيوطي ١٩٣
الاصل في الفروع، انظر: المبسوط
الاصلاح والايضاح ٨٨
اصول البزدوي، انظر: كنز الوصول
اصول الفقه ٢
اصول وجمل في علم الفرائض ٢٧٦
اقامة الدليل على خطأ الصاحب والنائب والوكيل ٤٥٠
الاقتصاد في كفاية العقاد ٤٦٥
الاقناع في حل الفاظ ابي شجاع ١٧٧ـ١٧٨
اكرام من يعيش باجتنابه الخمر والحشيش ٤٦٦
الغاز موردة في فن الفروع ٤٢٢
الالفية في فرض الصلوة اليومية، انظر: الدرة الالفية
إلهامية قوله المعذور ١٢٨
امداد الحكام ومعين قضاة الاسلام ٣١٣
امداد الفتاح شرح نور الايضاح ١٤٠ـ١٤١
الانتصار ٢٥٠
انقاذ الهالكين ٤٠١ـ٤٠٢
ايضاح كيفية قسمة المال الذي فيه كسر ٢٨١
الايضاح والتبيين في اختلاف الائمة المجتهدين، انظر: اختلاف العلماء
الايعاب في شرح العباب *٤٣٣
ايقاظ النائمين وافهام القاصرين ٤٠٥
بحر الحقائق في معرفة الرموز الدقائق ٢٣٩
البحر الرائق في شرح كنز الدقائق ١١٥ـ١١٦، *١١٧
بداية المبتدئ ٧٧، *٧٨ـ٩١
بدائع الصنائع في ترتيب الشرائع ٦٧
البدر الطالع *٣٣ـ٣٥
بديع النظام ٥
البزازية في الفتاوي، انظر: الجامع الوجيز
بشرى المؤمنين وزجر الكافرين ٤٤٤
بغية السالك في اخبار المناسك ٤٨٠
بغية الطالبين في حل مشكلة جلال الدين ٣٥

بغية الطلاب في شرح منية الحساب ٢٧٩، *٢٨٠
البغية في تلخيص القنية ٣٠٣
البلبل ٣٦
تبيين الحقائق شرح كنز الدقائق ١١٤
تتمة شرح الشرح ٢٣
تحرير احكام الشريعة ٢٢٧ـ٢٢٨
تحرير الاحكام في تدبير اهل الاسلام ١٩٠
تحرير عين الاثبات في تقرير يمين الاثبات ٤٢٤
تحرير في شرح الجامع الكبير ٥١ـ٥٢
تحفة الازكياء على والمحصنات من النساء ٤٧٧
تحفة الحكام في نكت العقود والاحكام *١٦١
تحفة الرائد في علمي الايصاء والفرائض *٢٩٠
تحفة الطلاب بشرح تحرير تنقيح اللباب ١٦٤ـ١٦٥
تحفة الفقهاء *٦٧
التحفة القدسية في علم الفرائض ٢٨٣، *٢٨٤
تحفة المحتاج الى ادلة المنهاج ١٨٣
التحفة المرضية في الاراضي المصرية ٣٦٣
تحفة الملوك ٩٣، *٩٤ـ٩٦
التحقيق في مسئلة التعليق ٤٥٣
تذكرة الفقهاء ٣٢٥
تذكرة المحتاج الى احاديث المنهاج في الاصول ٣١
تذكرة النبيه في تصحيح التنبيه ١٦٩
التراجيح ٣
تصحيح التنبيه *١٦٩
تعليق على الورقات ٢٦
تعليقات على درر الحكام في شرح غرر الاحكام *١٢٨
تعليم الامر في تحريم الخمر ٣٥١
تغيير التنقيح ١٦ـ١٧
التفسير من التكفير في حق من حرم نكاح المعتقة ٤٢٥
تقريب في الفقه، انظر: غاية الاختصار
تقييد على رسالة ابن ابي زيد القيرواني ١٥٤ـ١٥٥
تكملة البحر الرائق، انظر: متمم البحر الرائق
تلخيص الجامع الكبير٥٣
التلويح في كشف حقائق التنقيح١٣ـ١٥
التنبيه في الفقه *١٦٨ـ١٧٠
تنقيح الاصول *١٠ـ١٧
تنقيح اللباب *١٦٤ـ١٦٥
تنوير الابصار *١٣٩
تنوير الجنان في بيان حفظ الايمان ١٢٤
التوضيح ٥٧
التوضيح في حل غوامض التنقيح ١٠ـ١٢، *١٣ـ١٥
توفيق الاله في شرح فن من الاشباه ١٣٦
توفيق العناية في شرح وقاية الرواية ٨٦
جامع احكام الصغار ٩٢
جامع اقوال العلماء ٢٩٥
جامع الامهات، انظر: مختصر المنتهى
جامع الرموز ٨٩ـ٩٠
الجامع الصحيح *١٥٣
جامع الصغار، انظر: جامع احكام الصغار
الجامع الصغير ٤٨
جامع الفتاوي ٢٩٩
جامع الفصولين ١٢١ـ١٢٢، *١٢٣ـ١٢٤
الجامع الكبير للشيباني *٥٠ـ٥٣
الجامع الكبير في الشروط *١٦٣

جامع لجامع سجود السحو ٣٤١
الجامع المستوفي لجداول الحوفي ٢٧٨
جامع المقاصد ٢٢٥ـ٢٢٦
الجامع الوجيز ٣٠٤
كتاب الجراح ٤٦٠
الجمع بين وقفي الهلال والخصاف ٣٢٧
جمع الجوامع *٣٣ـ٣٥
جملة من اجوبة شيخنا الامام ٣٢٣
الجواب الشريف في مذهب ابي يوسف ومحمد ٤٣٢
جواب لبعض المخالفين ٤٤٦
جواهر البحرين في تناقض الحبرين ١٨٦
جواهر العلوم من مسائل الفرائض ٢٧٣
جواهر الفرائض ٢٦٦
الجوهر الفرد فيما يخالف فيه الحر العبد ٤٦٧
حادثة بعكاء ٤٥٨
حاشية شرح اللمعة ٢٣٣
حاشية على المعالم ٤٠ـ٤٣
حاشية على درر الحكام ١٢٩ـ١٣٠
حاشية على شرح الفرائض ٢٦٥
حاشية على شرح المنهج ١٨٥
الحاوي الصغير *١٧٩ـ١٨٠
الحدود والاحكام ٣٣٩
حديقة المفتي ٣٢٢
حسن الصنيعة في ضمان الوديعة ٤٥٥
حفظ الاصغرين ٤١٤
حقائق المنظومة ٢٤٦ـ٢٤٧
الحلبيات ٤٥٢
حلي المعاصم لبنت فكر ابن عاصم ١٦١
الحواشي الجديدة على شرح المختصر ٢٤ـ٢٥
الحيل ٢٩٦
خزانة الفقه ٥٥
خزانة المفتين ١١٩
خلاصة التحقيق في حكم التقليد والتفليق ١٩
خلاصة الدلائل في تنقيح المسائل ٦٥ـ٦٦
خلاصة الكيداني، انظر : مطالب المصلي
الخير الباقي في جواز الوضوء من الفساقي ٣٥٩
الدرة الالفية *٢٣٠
درة الغواص في تضعيف الاوقاص ٤٥٧
درر الحكام في شرح غرر الاحكام ١٢٧، *١٢٨ـ١٣١
درر الغواص على فتاوي سيدي علي الخواص *٤٧٢
الدرر اللوامع بتحرير جمع الجوامع ٣٣
الدقائق ١٨١ـ١٨٢
الرحبية، انظر : غنية الباحث
ردع الراغب عن الجمع في صلوة الرغائب ٤٠٧
الرسالة لابن ابي زيد القيرواني *١٥٤ـ١٥٦
رسالة الامير خاير بك في شرط كتاب وقفه ٣٧٤
رسالة تتضمن تحقيق الحق في حادثة وقف ٤٣٨
رسالة التسعير ٤٣٠
رسالة الخضاب ٣٤٨
رسالة ذخرة المتأهلين والنساء ٣٩٩
رسالة شرط وقف الغوري ٣٧٦
رسالة صورة وقفية اختلف فيها اجوبة ٣٧٧
رسالة طاحونة خراب ٤٢٧
رسالة عدلية ٤٠٠

رسالة فقه الكيداني في حال الصلوة، انظر: مطالب المصلي
رسالة في الاستصحاب ٣٨٩
رسالة في اقامة القاضي التعزير على المفسد بالدعوى ٣٦٩
رسالة في بيان الاقطاعات ومحلها ومن يستحقها ٣٧١
رسالة في بيان تحريم الدخان ٤١٦
رسالة في بيان حكم ذبائح المشركين ٤٧١
رسالة في بيان ما يسقط من الحقوق بالاسقاط ٣٧٠
رسالة في تحرير المقال في مسئلة الاستبدال ٣٦٦
رسالة في ترجيح الفقه على مذهب ابي حنيفة ١٨
رسالة في تعليق طلاق الامرأتين بتطليق الاخرى ٣٨٢
رسالة في تقدم الدعوى ٣٩١
رسالة في التناقض في الدعوى ٣٩٣
رسالة في جواز المسح على الخفين ٣٤٠
رسالة في جواز الاستخلاف ٣٤٩-٣٥٠
رسالة في حدود الفقه على ترتيب ابواب الفقه ٣٩٧
رسالة في حق الدخان بالكتاب والسنة واقوال الفقهاء ٤١٥
رسالة في حق المسلم والمسلمة ٤٤٧
رسالة في الحكم في دعوى فسخ الاجارة ٣٨٦
رسالة في الحمصة ٣٥٦
رسالة في دخول ولد البنت في الوقف على الاولاد، انظر:
مسئلة دخول ولد البنت في الموقوف
رسالة في ذكر الافعال التي تفعل في الصلوة ٣٦٠
رسالة في الرشوة واقسامها ٣٦٧
رسالة في السفينة لو غرقت ٣٧٣
رسالة في شراء جارية تركية ٣٨٠
رسالة في صورة بيع الوقف لا على وجه الاستبدال ٣٨٧
رسالة في صورة حجة رفعت الي ٣٨٨
رسالة في صورة دعوي استبدال عين ٣٨٤
رسالة في صورة دعوي فسخ الاجارة الطويلة ٣٨٥
رسالة في الطلاق المعلق على الابراء ٣٦٤
رسالة في طلب اليمين بعد حكم المالكي ٣٦٥
رسالة في عمل المناسخات ٢٨٩
رسالة في الغراس بأرض الوقف ٤١٨
رسالة في الكنائس المصرية ٣٦٨
رسالة في لبس الاحمر ٤١٩
رسالة في متروك التسمية عمدا ٣٨١
رسالة في مدرس حنفي وطلبته ٣٨٣
رسالة في مسائل الابراء ٣٩٤
رسالة في مسئلة الجبايات ٣٩٥
رسالة في مسئلة دخول اولاد البنات تحت لفظ الولد ٢٦٩
رسالة في مكاتب الاوقاف وبطلانها ٣٧٥
رسالة في النذر بالتصدق ٣٩٠
رسالة في نكاح الفضولي هل هو صحيح ٣٧٩
رسالة في الوكالة ٤١٧
رسالة فيما يبطل دعوى المدعي من قول او فعل ٣٩٢
رسالة فيمن اشترى شيئا ٣٩٦
رسالة فيمن يتولى الحكم بعد نائب البلد ٣٧٢
رسالة كافلة ببيان صيغ العقود والايقاعات ٤٣٧
الرسالة التي استقر الحال عليها ثانيا ٣٧٨
رسالة معمولة على ان الاستيجار على تعليم القرآن... ٣٤٧
رسالة معمولة في ان حد الخمر حد الشرب ٣٤٤
رسالة معمولة في بيان حقيقة الربا ٣٤٣
رسالة معمولة في تعليم الامر في تحريم الخمر ٣٤٥
رسالة واجوبة ٤٤٥

رفع العناد عن حكم التفويض والاسناد ٤٢٦
الرفع الغشاء عن وقتي العصر والعشاء ٣٦٢
روح الشروح ٢٦٠
الروضة البهية في شرح اللمعة الدمشقية ٢٣١-٢٣٢، ٢٣٤
روضة الناظر وجنة المناظر *٣٦
رؤوس المسائل ٢٤٤
الرياض ٢٣٨
الرياض الوردية والنفحات المسكية ٢٤٢
زاد المسافر، انظر: الفتاوى التاتارخانية
زبدة الاصول ٤٦
زلة القارئ ٣٣٠-٣٣١
الزهرة الذوية بشرح الروضة البهية ٢٣٢
الزيادات على الهداية ٨٢
السراجية في الفرائض ٢٥٨-٢٥٩، *٢٦٠-٢٦١
سعادة اهل الاسلام ٤١٣
السيف المسلول على سب الرسول ٤٦٢
الشبع بالطريق الاولى ٢٥
شرائع الاسلام ٢٠٧، *٢٠٨-٢١٧
شرح آداب القاضي ٥٤
شرح اصول ابن الحاجب ٢١
شرح تحفة الملوك والسلاطين ٩٤
شرح الجامع الكبير ٥٠
شرح الحاوي الصغير ١٧٩
شرح الخرقي ٢٠٠
شرح دقائق الفاظ المنهاج، انظر: الدقائق
شرح الرحبية في علم الفرائض ٢٨٥
الشرح الصغير ١٧١
شرح الفصول في علم الخلاف ٢٥١
شرح مجمع البحرين ١٠١-١٠٣
شرح مختصر ابن الحاجب ٢٢، *٢٣-٢٥
شرح مختصر خليل ١٥٨
شرح مختصر القدوري ٦٢، ٦٤
شرح مختصر الوقاية، انظر: جامع الرموز
شرح مختلف الرواية ٢٤٥
شرح مشكلات القدوري، انظر: المشكلات في شرح القدوري
شرح المغني ٤
شرح منار الانوار في اصول الفقه ٧-٨
شرح النكت الاربعين ٣٣٢
شرح الوقاية ٨٤-٨٥، ٨٧
شرعة الاسلام ٧١-٧٢، *٧٣
الشروط الكبير، انظر: الجامع الكبير في الشروط
شفاء الغليل في حل مكفل مختصر الشيخ خليل ١٥٩
صدح السواجع على شرح جمع الجوامع ٣٤
الصدقة في المساجد ٤٧٥
صرة الفتاوي ٣١٤
كتاب الصلح ٣٤١
الصنيعة في ضمان الوديعة ٤٥٤
طبقات الفقهاء ٣٥٢-٣٥٣
طريقة بديعة لعمل الفرائض بالكسور ٢٧٧
طليعة الفتح والنصر الى صلوة الخوف والقصر ٤٥١
عروة الاسلام ٢٥٤
عروس الخلوة ٣٣٨
العقد المذهب في طلائع المذهب ١٩٦

علاجة التنبيه ١٨٩
عمدة الحكام ومرجع القضاة في الاحكام ١٣٧
عمدة النظار في تصحيح غاية الاختصار ١٧٦
عنوان الشرف الوافي في الفقه ١٩١ـ١٩٢
عنوان الفضل وطراز ملك العدل ٢٠٤
غاية الاحكام في الاحاديث والاحكام ١٨٧
غاية الاختصار *١٧٥ـ١٧٨
الغاية القصوى في دراية الفتوى ١٧٣
غرائب النكات في زيارة الاموات ٤٧٦
غنية الباحث *٢٨٣ـ٢٨٧
غنية ذوي الاحكام في بغية درر الحكام ١٣١
غنية الفقيه ١٦٨
غنية المتملي في شرح منية المصلي ١٠٥، *١٠٦ـ١٠٨
الغيث المنجس في حكم المصبوغ بالنجس ٤٢٩
فتاوى ابن الصلاح ٣٢٤
فتاوى ابي الليث السمرقندي ٢٩٧
فتاوى اوسكوبي ٣١٢
الفتاوى البزازية، انظر: الجامع الوجيز
الفتاوى التاتارخانية ٣٠٦ـ٣٠٧
الفتاوى الزينية في فقه الحنفية ٣٠٨ـ٣٠٩
الفتاوى السراجية ٣٠٥
الفتاوى الصغرى ٣٠٠
الفتاوى العدلية ٣١١
الفتاوى المنوفية ٣١٥
فتح العزيز في شرح الوجيز *١٧١
الفتح المنان بشرح مختصر الشيخ علوان ١٩٤
فتح الوهاب *١٨٥
فتوى في تنزيه الشيخ محيي الدين ٣٥٤ـ٣٥٥
كتاب الفرائض للحوفي *٢٧٧ـ٢٧٨
كتاب الفرائض لمؤلف مجهول ٢٩١
الفرائض السراجية، انظر: السراجية في الفرائض
الفرائض الشريفية ٢٦١
فصل المقال ٤٤١، *٤٤٢
فصول الاحكام في اصول الاحكام ٩٧
فصول العمادي، انظر: فصول الاحكام في اصول الاحكام
الفصول في علم الخلاف *٢٥١
الفقه النافع ٦٨، *٦٩ـ٧٠
الفوائد السمية في شرح الفرائد السنية ١٤٤
الفوائد الشنشورية في شرح المنظومة الرحبية ٢٨٧
فوائد الفتاوي ٣١٧
فوائد الفقهاء، انظر: فوائد الفتاوي
كتاب في الطب ٤٧٩
في المحاسبات ٣٣٣
فيض الغفار شرح ما انتخب من المنار ٩
قنية المنية في تتميم الغنية ٣٠٢، *٣٠٣
قواعد الاحكام ٢٢٢ـ٢٢٤، *٢٢٥ـ٢٢٦
القوانين المفردة المحكمة ٤٤
قول الرضين في ان اليقين لا يزول الا باليقين ٤٧٨
القول المقبول فيما يدعى فيه بالمجهول ٤٦٨
القول النقي في الرد على المفتري الشقي ٣٥٧ـ٣٥٨
الكافي شرح اصول البزدوي ١
الكافي شرح الوافي ١١٠
الكافي في الفروع ٢٠٢ـ٢٠٣
كشف الالتباس ٤٣٩

كشف الحجاب لاصفياء الاحباب ٢٨٢
الكشف الرائض شرح تحفة الوصايا والفرائض ٢٩٠
كشف الرموز الخفية من شرح الروضة البهية ٢٣١
كشف الرواق *٢٨١
كشف الغمة في ميراث اهل الذمة ٢٨٨
كفاية الاخيار ١٧٥
الكلمات المهمة في مباشرة اهل الذمة ٤٦٤
كنز الدقائق ١١١-١١٣، *١١٤-١١٨
كنز الوصول *١
لباب الفقه *١٦٤-١٦٥
لسان المفتين ٣١٠
اللمعة الدمشقية *٢٣١-٢٣٤
اللمعة الشمسية على التحفة القدسية ٢٨٤
مبادئ الوصول الى علم الاصول ٣٩
المبسوط للشيباني ٤٩
المبسوط في الفقه لابي جعفر الطوسي ٢٠٦
متمم البحر الرائق ١١٧
مجامع الحقائق والقواعد وجامع الروائق والفوائد ٢٠
مجمع البحرين وملتقى النيرين ١٠٠، *١٠١-١٠٣
مجمع الفائدة والبرهان في شرح ارشاد الاذهان ٢٢١
مجمع المهمات الدينية ١٤٣
المجموع المذهب في قواعد المذهب ١٨٨
المجموعة المنقولة عن الكتب المقبولة ٣١٦
المحرر *١٨١-١٨٢
المحصول في علم الاصول ٢٧-٢٨
مختارات الهداية ٩١
مختصر غنية المتملي ١٠٦-١٠٨
المختصر في اصول الفقه للبعلي ٣٧
المختصر في الفقه للشيخ خليل *١٥٨-١٦٠
المختصر في الفقه للخرقي *١٩٩-٢٠٠
مختصر القدوري ٥٨-٦١، *٦٢-٦٦
مختصر المنتهى *٢١-٢٥
مختلف الاصحاب ٢٥٣
مختلف الشيعة في احكام الشريعة ٢٥٥-٢٥٦
مدارج الوصول الى علم الاصول ٤٧
المدونة الكبرى ١٤٨-١٥٢
المذهب البارع في شرح مختصر الشرائع ٢١١
مذهب الغوامض في علم الفرائض ٢٩٢
المذهب في المذهب ١٦٧
مراقي الفلاح ١٤٢
المربع في حكم العقد على المذاهب الاربع ٤٧٣
مرجع القضاة في مسائل ترجيح البينات ٤٤٠
مسالك الافهام في تنقيح شرائع الاسلام ٢١٣-٢١٧
مسائل الخلاف، انظر: رؤوس المسائل
المسائل التي ينتقض فيها حكم الحاكم ٤٠٦
مسائل نادرة ٣١٨
المستصفى ٦٩-٧٠
المستوعب في الفقه ٢٠١
المسلك المتقسط في المنسك المتوسط ١٣٨
مسئلة بر الوالدين ٤٦١
المسئلة الخاصة في الوكالة العامة ٣٦١
مسئلة دخول ولد البنت في الموقوف ٢٦٧-٢٦٨
المسئلة التي ذكرها ابو الوليد في فصل المقال ٤٤٢
مشكل الوسيط ١٧٢

المشكلات في شرح القدوري ٦٣
مصباح الهداية ومفتاح الولاية *١٩٤
مطالب المصلي ٣٣٦ـ٣٣٧
معالم الدين *٤٠ـ٤٥
معدل الصلوة ٤٠٣ـ٤٠٤
المعلم بفوائد كتاب مسلم ١٥٣
المغني لابن قدامة ١٩٩
المغني للخبازي *٤
مفاتيح الجنان ومصابيح الجنان ٧٣
مفاتيح الشرائع ٢٣٦
مفاتيح الصلوة *٤٢٠ـ٤٢١
المقاصد العلية في الفقه ٢٣٠
المقاصد الممحصة في بيان كي الحمصة ٤٢٣
المقتبس المختار من نور المنار *٩
مقدمة الصلوة ٥٦، *٥٧
المقدمة العشماوية في العبادات ٤٤٢
المقدمة الغزنوية في فروع الحنفية ٧٤ـ٧٦
الملتقات في الفتاوي الحنفية ٢٩٨
ملتقى الابحر ١٣٢
ملتقى البحار من منتقى الاحبار ٢٤٨
ملجأ القضاة عند تعارض البينات ٤٠٩ـ٤١٠
من لا يحضره الفقيه ٢٠٥
منار الانوار ٦، *٧ـ٩
مناسك جناب الشيخ مصلي ٢٤١
مناهل الاحكام ٢٤٠
منتهى المطلب في تحقيق المذهب ٢٢٩
منتهى الوصول في كلام الاصول ٣٨
منح الغفار ١٣٩
منح القدير ١٦٠
منحة السلوك في شرح تحفة الملوك ٩٥
المنحة في فضائل السبحة ٤٧٠
المنسك الاوسط *١٣٨
المنظومة للقيصري ٢٦٣
المنظومة في الخلافيات *٢٤٥ـ٢٤٨
منهاج الطالبين *١٨١ـ١٨٥
منهاج الوصول في علم الاصول ٢٩، *٣٠ـ٣١
منهج الصواب في قبح استكتاب اهل الكتاب ٤٦٣
منهج الطلاب *١٨٥
منية المصلي وغنية المبتدئ ١٠٤، *١٠٥ـ١٠٨
الميزان الشعرانية ١٩٥
النافع في مختصر الشرائع ٢٠٨ـ٢١٠، *٢١١ـ٢١٢
النجم الوهاج في شرح المنهاج ١٨٤
نخبة وجيزة في الحكمة العملية ٢٣٥
نزهة ذوي اللباب وتحفة نجباء الانجاب ٢٨٠
نصاب الاحتساب ٣٣٤ـ٣٣٥
نصيحة الاحباب في لبس فرو السنجاب ٤٦٩
النطف الحسان على مذهب ابي حنيفة النعمان ١٢٥
نفض الجعبة في الاقتضاء من جوف الكعبة ٤٢٨
النقاية ٩٠ـ٩١، *١٢٦
النقول البديعة في ضمان الوديعة ٤٥٦
نهاية الرتبة في طلب الحسبة ٤٤٨ـ٤٤٩
نهاية الوصول الى علم الاصول ٣٢
النهر الفائق شرح كنز الدقائق ١١٨
نور الايضاح ونجاة الارواح *١٤٠ـ١٤٢

نور العين في اصلاح جامع الفصولين ١٢٣ـ١٢٤
الهادي للنيسابوري ١٧٤
هادي النبيه الى تدريس التنبيه ١٧٠
هداية الافكار الى معاني الازهار ٢٤٣
الهداية شرح البداية ٧٨ـ٨٠، *٨١ـ٩١
هداية الهداية ٨١
هدية الصعلوك في شرح تحفة الملوك ٩٦
الوافي لفيض الكاشي ٢٣٧
الوافي للنسفي ١٠٩، *١١٠
واقعة المفتين ٣٢٠
الوجيز للغزالي *١٧١
الوجيز في الفتاوي ٣٠١
الورقات *٢٦
الوسائل المهذبة المتضمنة ٢٦٢
الوسيط *١٧٢ـ١٧٣
وقاية الرواية في مسائل الهداية ٨٣، *٨٤ـ٩٠

AUTHOR INDEX

al-Abbār, Aḥmad ibn Muḥammad
- *Kashf al-riwāq* **281*
'Abd al-Ghaffār al-Qazwīnī, ibn 'Abd al-Karīm
- *al-Ḥāwī al-ṣaghīr* **179-180*
'Abd al-Ghanī al-Nābulusī, ibn Ismā'īl
- *al-Ghayth al-munajjas* *429*
- *Itḥāf man bādar* *431*
- *al-Jawāb al-sharīf* *432*
- *Khulāṣat al-taḥqīq* *19*
- *al-Maqāṣid al-mumaḥḥaṣah* *423*
- *Nafḍ al-ja'bah* *428*
- *Raf' al-'inād* *426*
- *Risālat ṭāḥūnat kharāb* *427*
- *Risālat al-tas'īr* *430*
- *al-Tafsīr min al-takfīr* *425*
- *Taḥrīr 'ayn al-athbāt* *424*
Abū al-Faḍl al-Mawṣilī, 'Abd Allāh ibn Maḥmūd
- *al-Ikhtiyār* *98-99*
Abū Ja'far al-Ṭūsī, Muḥammad ibn al-Ḥasan
- *al-Mabsūṭ fī al-fiqh* *206*
Abū al-Layth al-Samarqandī, Naṣr ibn Muḥammad
- *al-Fatāwá* *297*
- *Khizānat al-fiqh* *55*
- *Muqaddimat al-ṣalāh* *56, *57*
Abū Shāmah, 'Abd al-Raḥmān ibn Ismā'īl
- *Iqāmat al-dalīl* *450*
Abū Shujā', Aḥmad ibn al-Ḥusayn, see: al-Iṣfahānī, Aḥmad ibn al-Ḥusayn
Abū al-Su'ūd, Muḥammad ibn Muḥammad
- *[Refutation of a fetwa]* **405*
Abū Ya'lá, Muḥammad ibn al-Ḥusayn
- *Kitāb fī al-ṭibb* *479*
- *Ru'ūs al-masā'il* *244*
Abū Yūsuf, Ya'qūb ibn Ibrāhīm
- *[Proof that he was a Hanafi]* **432*
al-Adhra'ī, Sulaymān ibn Wuhayb
- *al-Ziyādāt 'alá al-Hidāyah* *82*
al-'Adilī, Ibrāhīm ibn Sulaymān
- *Lisān al-muftīn* *310*
'Aḍud al-Dīn al-Ījī, 'Abd al-Raḥmān ibn Aḥmad
- *Sharḥ Mukhtaṣar Ibn al-Ḥājib* *22, *23-25*
al-Afshanjī, Maḥmūd ibn Muḥammad, see: al-Ifsinjī, Maḥmūd ibn Muḥammad
Akmal al-Dīn al-Bātilī, see: al-Bābartī, Muḥammad ibn Muḥammad
al-'Alā' al-Usmandī, Muḥammad ibn 'Abd al-Ḥamīd
- *Sharḥ Mukhtalif al-riwāyah* *245*
al-'Alā'ī, Khalīl ibn Kaykaldī, see: Ṣalāḥ al-Dīn al-'Alā'ī, Khalīl ibn Kaykaldī
'Alī Zayn al-Dīn, ibn Muḥammad
- *al-Zahrah al-dhawīyah* *232*
'Alim ibn 'Alā' al-Dīn
- *al-Fatāwá al-Tātārkhānīyah* *306-307*
'Alim Muḥammad
- *Risālah fī lubs al-aḥmar* *419*
'Alwān, 'Alī ibn 'Aṭīyah
- *Miṣbāḥ al-Hidāyah* **194*
al-'Amilī, Muḥammad ibn al-Ḥasan, see: Muḥammad ibn al-Ḥasan
al-'Amilī, Muḥammad ibn Ḥusayn, see: Bahā' al-Dīn al-'Amilī, Muḥammad ibn Ḥusayn
al-'Amilī, Zayn al-Dīn ibn 'Alī, see: al-Shahīd al-Thānī, Zayn al-Dīn ibn 'Alī
al-Anfāsī, Yūsuf ibn 'Umar
- *Taqyīd 'alá Risālat Ibn Abī Zayd al-Qayrawānī* *154-155*
al-Aqfahsī, Aḥmad ibn al-'Imād, see: Ibn al-'Imād, Aḥmad
al-Aqṭa', Aḥmad ibn Muḥammad
- *Sharḥ Mukhtaṣar al-Qudūrī* *62*
al-Ardabīlī, Aḥmad ibn Muḥammad
- *Majma' al-fā'idah wa-al-burhān* *221*
al-Asadī, Aḥmad ibn Muḥammad, see: Ibn Fahd, Aḥmad ibn Muḥammad
al-'Ashmāwī, 'Abd al-Bārī
- *al-Muqaddimah al-'Ashmawīyah* *443*

al-'Attābī, Aḥmad ibn Muḥammad
- *Sharḥ al-Jāmi' al-kabīr 50*
al-Aydīnī, Rasūl ibn Ṣāliḥ
- *al-Fatāwá al-'adlīyah 311*
al-'Aynī, Maḥmūd ibn Aḥmad, see: Badr al-Dīn al-'Aynī, Maḥmūd ibn Aḥmad
'Azmīzādah, Muṣṭafá ibn Muḥammad
- *Ḥāshīyah'aláDuraral-ḥukkām 129-130*
al-Bābartī, Muḥammad ibn Muḥammad
- *Risālah fī tarjīḥ al-fiqh 18*
Badr al-Dīn al-'Aynī, Maḥmūd ibn Aḥmad
- *Minḥat al-sulūk 95*
al-Baghdādī, Ghānim ibn Muḥammad, see: Ghiyāth al-Dīn al-Baghdādī, Ghānim ibn Muḥammad
Bahā' al-Dīn al-'Āmilī, Muḥammad ibn Ḥusayn
- *Zubdat al-uṣūl 46*
al-Bahbahānī, Muḥammad Bāqir ibn Muḥammad Akmal
- *Ḥāshiyah 'alá al-Ma'ālim 43*
al-Ba'lī, 'Alī ibn 'Abbās
- *al-Mukhtaṣar fī uṣūl al-fiqh 37*
al-Bātilī, Akmal al-Dīn, see: al-Bābartī, Muḥammad ibn Muḥammad
al-Bāṭūmī, Ḥusayn Fikrī ibn Muḥammad Ṭāhir
- *Marji' al-quḍāh 440*
al-Bayḍāwī, 'Abd Allāh ibn 'Umar
- *al-Ghāyah al-quṣwá 173*
- *Minhāj al-wuṣūl 29, *30-31*
al-Bazdawī, 'Alī ibn Muḥammad
- *Kanz al-wuṣūl *1*
al-Bāzilī, Muḥammad ibn Dāwud
- *Bughyat al-ṭālibīn 35*
al-Bazzāzī, Muḥammad ibn Muḥammad
- *al-Jāmi' al-wajīz 304*
Binnīs, Muḥammad ibn Aḥmad, see: Muḥammad Binnīs, ibn Aḥmad
al-Birkawī, Muḥammad ibn Pīr 'Alī
- *Inqādh al-hālikīn 401-402*
- *Īqāẓ al-nā'imīn 405*
- *Mu'addil al-ṣalāh 403-404*
- *Risālah 'adlīyah 400*
- *Risālat dhakhrat al-muta'ahhilīn 399*
al-Bisṭāmī, 'Alī ibn Muḥammad, see: Muṣannifak, 'Alī ibn Muḥammad
al-Buldahī, 'Abd Allāh ibn Maḥmūd, see: Abū al-Faḍl al-Mawṣilī, 'Abd Allāh ibn Maḥmūd
al-Bulqīnī, Ṣāliḥ ibn 'Umar
- *al-Jawhar al-fard 467*
- *al-Qawl al-maqbūl 468*
al-Burhān al-Ṭarābulusī, Ibrāhīm ibn Mūsá
- *al-Is'āf 328*
al-Bursufī, 'Abd al-Ḥamīd ibn 'Abd al-Sayyid
- *Mudhahhab al-ghawāmiḍ 292*
al-Burūsawī, Ya'qūb ibn Sayyid 'Alī
- *Mafātīḥ al-jinān 73*
al-Damīrī, Muḥammad ibn Mūsá
- *al-Najm al-wahhāj 184*
al-Damrājī, Qāsim ibn Ḥusayn
- *al-Nuṭaf al-ḥisān 125*
al-Danūsharī, Qāsim
- *Risālah fī al-ghirās bi-arḍ al-waqf 418*
al-Dardīr, Aḥmad ibn Muḥammad
- *Manḥ al-Qadīr 160*
al-Fakhr al-Rāzī, Muḥammad ibn 'Umar
- *al-Maḥṣūl 27-28*
al-Fanārī, Ḥasan Chalabī ibn Muḥammad Shāh
- *Kitāb al-ṣulḥ 341*
al-Fanārī, Muḥammad ibn 'Alī
- *Risālah fī al-farā'iḍ 265*
al-Fārābī, Aḥmad ibn Yūsuf
- *Zallat al-qāri' 331*
al-Faraḍī, Yaḥyá ibn Taqī al-Dīn
- *al-Kashf al-rā'iḍ 290*
al-Farāmī, Badr al-Dīn
- *[Verses on reciting the Fātiḥah] 331*
Fayḍ al-Kāshī, Muḥammad ibn Murtaḍá
- *Mafātīḥ al-sharā'i' 236*
- *Nukhbah wajīzah 235*
- *al-Wāfī 237*
Fuḍayl al-Jamālī, ibn 'Alī
- *Ādāb al-awṣiyā' 270*

al-Ghayṭī, Muḥammad ibn Aḥmad
- *Ajwibat al-as'ilah* *476
al-Ghazālī, Muḥammad ibn Muḥammad
- *Risālah fī ḥaqq al-Muslim* 447
- *al-Wajīz* *171
- *al-Wasīṭ* *172-173
al-Ghazmīnī, Mukhtār ibn Maḥmūd, see: al-Zāhidī al-Ghazmīnī, Mukhtār ibn Maḥmūd
al-Ghaznawī, Aḥmad ibn Muḥammad
- *al-Muqaddimah al-Ghaznawīyah* 74-76
al-Ghaznawī, Qāsim ibn Ḥusayn, see: al-Damrājī, Qāsim ibn Ḥusayn
al-Ghazzī, ibn 'Abd al-Qādir, see: Sharaf al-Dīn al-Ghazzī, ibn 'Abd al-Qādir
Ghiyāth al-Dīn al-Baghdādī, Ghānim ibn Muḥammad
- *Malja' al-quḍāh* 409-410
al-Ḥafīd ibn Marzūq, Muḥammad ibn Aḥmad
- *Sharḥ Mukhtaṣar Khalīl* 158
al-Ḥalabī, Ibrāhīm ibn Muḥammad, see: Ibrāhīm al-Ḥalabī, ibn Muḥammad
al-Ḥamawī, 'Alī ibn 'Aṭīyah, see: 'Alwān, 'Alī ibn 'Aṭīyah
al-Ḥamawī, Muḥibb al-Dīn ibn Taqī al-Dīn
- *'Umdat al-ḥukkām* 137
Ḥamdūn, Aḥmad ibn Muḥammad, see: al-Abbār, Aḥmad ibn Muḥammad
Ḥaqqī, Ibrāhīm ibn Ismā'īl, see: Ibrāhīm Ḥaqqī
al-Ḥasawī, Aḥmad, see: al-Ḥaṣūbī, Aḥmad
al-Ḥaṣīrī, Maḥmūd ibn Aḥmad
- *Taḥrīr fī sharḥ al-Jāmi' al-kabīr* 51-52
al-Ḥassānī, Muḥammad ibn Muḥammad
- *Tuḥfat al-rā'id* *290
al-Ḥaṣūbī, Aḥmad
- *Mafātīḥ al-ṣalāh* *420-421
al-Ḥawfī, Aḥmad ibn Muḥammad
- *Kitāb al-farā'iḍ* *277-278
Hilāl al-Ra'y, ibn Yaḥyá
- *Aḥkām al-waqf* *327-328
al-Ḥillī, Ja'far ibn al-Ḥasan, see: al-Muḥaqqiq al-Ḥillī, Ja'far ibn al-Ḥasan
al-Hindī, Muḥammad ibn 'Abd al-Raḥīm, see: al-Ṣafī al-Hindī, Muḥammad ibn 'Abd al-Raḥīm
al-Ḥiṣnī, Abū Bakr ibn Muḥammad, see: Taqī al-Dīn al-Ḥiṣnī, Abū Bakr ibn Muḥammad
al-Ḥusaynī, Muḥammad Ibrāhīm ibn al-Ḥusayn
- *Baḥr al-ḥaqā'iq* 239
al-Ḥusaynī, Muḥammad ibn Maḥmūd
- *'Arūs al-khalwah* 338
al-Ḥuwayzī, Ja'far ibn 'Abd Allāh
- *Ḥāshiyat sharḥ al-Lum'ah* 233
Ibn 'Abd al-'Āl, Muḥammad
- *Lisān al-muftīn* 310
Ibn 'Abd al-Wahhāb, Ḥusayn ibn Muḥammad
- *Bughyat al-sālik* 480
Ibn Abī Sanīnah, Muḥammad ibn 'Abd Allāh, see: Ibn Sunaynah, Muḥammad ibn 'Abd Allāh
Ibn Abī Sharīf, Muḥammad ibn Muḥammad
- *al-Durar al-lawāmi'* 33
Ibn Abī Ẓāhir, 'Abd al-Ḥamīd ibn 'Abd al-Sayyid, see: al-Bursufī, 'Abd al-Ḥamīd ibn 'Abd al-Sayyid
Ibn Abī Zayd al-Qayrawānī, 'Abd Allāh ibn 'Abd al-Raḥmān
- *al-Risālah* *154-156
Ibn 'Alā' al-Dīn, 'Ālim, see: 'Ālim ibn 'Alā' al-Dīn
Ibn al-'Arabī, Muḥammad ibn 'Alī
- *[Fetwa on his orthodoxy]* *354-355
Ibn 'Āṣim, Muḥammad ibn Muḥammad
- *Tuḥfat al-ḥukkām* *161
Ibn 'Awaḍ, 'Umar ibn Muḥammad, see: al-Sanāmī, 'Umar ibn Muḥammad
Ibn Bābawayh al-Qummī, Muḥammad ibn 'Alī
- *Man lā yaḥḍuruhu al-faqīh* 205
Ibn Bīrī, Ibrāhīm ibn Ḥusayn, see: Ibn Pīrī, Ibrāhīm ibn Ḥusayn

Ibn al-Durayhim, 'Alī ibn Muḥammad
- *Manhaj al-ṣawāb 463*
Ibn Fahd, Aḥmad ibn Muḥammad
- *al-Mudhahhab al-bāri' 210*
Ibn al-Fanārī, Ḥasan Chalabī ibn Muḥammad Shāh, see: al-Fanārī, Ḥasan Chalabī ibn Muḥammad Shāh
Ibn al-Farrā', Muḥammad, see: Abū Ya'lá, Muḥammad ibn al-Ḥusayn
Ibn Firishtah, 'Abd al-Laṭīf ibn 'Abd al-'Azīz, see: Ibn Malak, 'Abd al-Laṭīf ibn 'Abd al-'Azīz
Ibn Ghānim al-Maqdisī, 'Alī ibn Muḥammad
- *Rad' al-rāghib 407*
Ibn Ghāzī, Muḥammad ibn Aḥmad
- *Bughyat al-ṭullāb 279, *280*
- *al-Jāmi' al-mustawfī 278*
- *Shifā al-ghalīl 159*
Ibn Ḥabīb, Ṭāhir ibn al-Ḥasan
- *al-Muqtabas al-mukhtār *9*
Ibn al-Hā'im, Aḥmad ibn Muḥammad
- *al-Tuḥfah al-qudsīyah 283, *284*
- *Risālah fī 'amal al-munāsakhāt 289*
Ibn Ḥajar al-Haythamī, Aḥmad ibn Muḥammad
- *al-I'āb *433*
Ibn al-Ḥājib, 'Uthmān ibn 'Umar
- *Mukhtaṣar al-muntahá *21-25*
Ibn Ḥammād, Yūsuf
- *al-'Iqd al-mudhahhab 196*
Ibn Hubayrah, Yaḥyá ibn Muḥammad
- *Ikhtilāf al-'ulamā' 249*
Ibn al-Humām, Muḥammad ibn 'Abd al-Wāḥid
- *al-Fatāwá al-Sirājīyah 305*
Ibn Ibrāhīm al-Ḥanafī, Maḥmūd ibn Muḥammad
- *al-Ajma' 120*
Ibn al-'Imād, Aḥmad
- *Ikrām man ya'īsh 466*
- *al-Iqtiṣād 465*
Ibn Imām al-Kāmilīyah, Muḥammad ibn Muḥammad
- *Ta'līq 'alá al-Waraqāt 26*
Ibn al-'Irāqī, Aḥmad ibn 'Abd al-Raḥīm
- *Tanqīḥ al-Lubāb *164-165*
Ibn Jamā'ah, Muḥammad ibn Abī Bakr
- *Taḥrīr al-aḥkām 190*
Ibn Kamāl Bāshā, Aḥmad ibn Sulaymān
- *Fatwá fī tanzīh Muḥyī al-Dīn 354-355*
- *al-Iṣlāḥ wa-al-īḍāḥ 88*
- *Jawāhir al-farā'iḍ 266*
- *Mas'alat dukhūl walad al-bint fī*
- *al-mawqūf 267-268*
- *Risālah fī jawāz al-istikhlāf 349-350*
- *Risālah ma'mūlah 'alá anna al-istījār 'alá ta'līm al-Qur'ān 347*
- *Risālah ma'mūlah fī anna ḥadd al-khamr ḥadd al-shurb 344*
- *Risālah ma'mūlah fī bayān ḥaqīqat al-ribā 343*
- *Risālah ma'mūlah fī ta'līm al-amr fī taḥrīm al-khamr 345*
- *Risālat al-khiḍāb 348*
- *Ṭabaqāt al-fuqahā' 352-353*
- *Taghyīr al-Tanqīḥ 16-17*
- *Ta'līm al-amr 351*
- *[A tract on the Friday prayer] 346*
Ibn al-Maḥāmilī, Aḥmad ibn Muḥammad
- *Lubāb al-fiqh *164-165*
Ibn Makkī, 'Alī ibn Aḥmad
- *Khulāṣat al-dalā'il 65-66*
Ibn Malak, 'Abd al-Laṭīf ibn 'Abd al-'Azīz
- *Sharḥ al-Wiqāyah 87*
- *Sharḥ Majma' al-baḥrayn 101-103*
- *Sharḥ Manār al-anwār 7-8*
- *Sharḥ Tuḥfat al-mulūk 94*
Ibn Marzūq, Muḥammad ibn Aḥmad, see: al-Ḥafīd ibn Marzūq, Muḥammad ibn Aḥmad
Ibn Māzah, 'Umar ibn 'Abd al-'Azīz, see: al-Ṣadr al-Shahīd, 'Umar ibn 'Abd al-'Azīz
Ibn al-Mulaqqin, 'Umar ibn 'Alī
- *Hādī al-nabīh 170*
- *Tadhkirat al-muḥtāj 31*
- *Tuḥfat al-muḥtāj 183*
- *'Ujālat al-tanbīh 189*

Ibn al-Muqri', Ismā'īl ibn Abī Bakr
- *Irshād al-ghāwī* 180
- *'Unwān al-sharaf al-wāfī* 191-192

Ibn al-Muṭahhar al-Ḥillī, al-Ḥasan ibn Yūsuf
- *Irshād al-adhhān* 218-220, *221
- *Mabādi' al-wuṣūl* 39
- *Mukhtalif al-Shī'ah* 255-256
- *Muntahá al-maṭlab* 229
- *Muntahá al-wuṣūl* 38
- *Qawā'id al-aḥkām* 222-224, *225-226
- *Tadhkirat al-fuqahā'* 325
- *Taḥrīr al-aḥkām al-shar'īyah* 227-228

Ibn al-Mutaqqinah, Muḥammad ibn 'Alī
- *Ghunyat al-bāḥith* *283-287

Ibn al-Naqīb, 'Abd al-Qādir ibn Yūsuf
- *Wāqi'at al-muftīn* 320

Ibn al-Nāqid, Ibrāhīm ibn Muḥammad, see: al-Nāqid, Ibrāhīm ibn Muḥammad

Ibn Nujaym, Aḥmad ibn Zayn al-Dīn
- *[A list of his father's works]* 398

Ibn Nujaym, 'Umar ibn Ibrāhīm
- *al-Nahr al-fā'iq* 118

Ibn Nujaym, Zayn al-Dīn ibn Ibrāhīm
- *al-Ashbāh wa-al-naẓā'ir* 133-135, *136
- *al-Baḥr al-rā'iq* 115-116, *117
- *al-Fatāwá al-Zaynīyah* 308-309
- *al-Khayr al-bāqī* 359
- *al-Mas'alah al-khāṣṣah fī al-wakālah* 361
- *al-Qawl al-naqī* 357-358
- *Raf' al-ghishā'* 362
- *al-Risālah allatī istaqarra al-ḥāl 'alayhā thāniyan* 378
- *Risālah fī bayān al-iqṭā'āt* 371
- *Risālah fī bayān mā yasquṭu min al-ḥuqūq bi-al-isqāṭ* 370
- *Risālah fī dhikr al-af'āl* 360
- *Risālah fī ḥudūd al-fiqh* 397
- *Risālah fī al-ḥukm fī da'wá faskh al-ijārah* 386
- *Risālah fī iqāmat al-qāḍī al-ta'zīr* 369
- *Risālah fī al-istiṣḥāb* 389
- *Risālah fī al-kanā'is al-Miṣrīyah* 368
- *Risālah fī makātīb al-awqāf* 375
- *Risālah fī masā'il al-ibrā'* 394
- *Risālah fī mas'alat dukhūl awlād al-banāt taḥta lafẓ al-walad* 269
- *Risālah fī mas'alat al-jibāyāt* 395
- *Risālah fī matrūk al-tasmiyah* 381
- *Risālah fī mudarris Ḥanafī* 383
- *Risālah fī al-nadhr bi-al-taṣadduq* 390
- *Risālah fī nikāḥ al-fuḍūlī* 379
- *Risālah fī al-rashwah* 367
- *Risālah fī al-safīnah idhā ghariqat* 373
- *Risālah fī shirā' jāriyah Turkīyah* 380
- *Risālah fī ṣūrat bay' al-waqf* 387
- *Risālah fī ṣūrat da'wá faskh al-ijārah al-ṭawīlah* 385
- *Risālah fī ṣūrat da'wá istibdāl 'ayn* 384
- *Risālah fī ṣūrat ḥujjah rufi'at ilayy* 388
- *Risālah fī taḥrīr al-maqāl fī mas'alat al-istibdāl* 366
- *Risālah fī ṭalab al-yamīn* 365
- *Risālah fī al-ṭalāq al-mu'allaq 'alá al-ibrā'* 364
- *Risālah fī ta'līq ṭalāq* 382
- *Risālah fī al-tanāquḍ fī al-da'wá* 393
- *Risālah fī taqaddum da'wá* 391
- *Risālah fīmā yubṭilu da'wá al-mudda'ī min qawl aw fi'l* 392
- *Risālah fīman ishtará shay'an* 396
- *Risālah fīman yatawallá al-ḥukm* 372
- *Risālat al-amīr Khāyir Bakk* 374
- *Risālat sharṭ waqf al-Ghūrī* 376
- *Risālat ṣūrah waqfīyah* 377
- *al-Tuḥfah al-marḍīyah* 363

Ibn Pīrī, Ibrāhīm ibn Ḥusayn
- *[Fatāwá]* 319

Ibn al-Qā'ānī, Manṣūr ibn Aḥmad
- *Sharḥ al-Mughnī* 4

Ibn Qāḍī 'Ajlūn, Abū Bakr ibn 'Abd Allāh
- *Risālah fī bayān ḥukm dhabā'iḥ al-mushrikīn* 471
- *'Umdat al-nuẓẓār* 176

Ibn Qāḍī 'Ajlūn, Muḥammad ibn 'Abd Allāh
- *Naṣīḥat al-aḥbāb* 469

Ibn Qāḍī Simāwunah, Maḥmūd ibn Isrā'īl
- *Jāmi' al-fuṣūlayn* 121-122, *123-124

Ibn Qudāmah, 'Abd Allāh ibn Aḥmad
- *al-Kāfī fī al-furū' 202-203*
- *al-Mughnī 199*
- *Rawḍat al-nāẓir *36*
Ibn Quraysh, Muḥammad ibn Sa'īd
- *Īḍāḥ kayfīyat qismat al-māl 281*
Ibn Rushd, Muḥammad ibn Aḥmad
- *Faṣl al-maqāl 441, *442*
Ibn al-Sā'ātī, Aḥmad ibn 'Alī
- *Badī' al-niẓām 5*
- *Majma' al-baḥrayn 100, *101-103*
Ibn al-Ṣalāḥ, 'Uthmān ibn 'Abd al-Raḥmān
- *Fatāwá Ibn al-Ṣalāḥ 324*
- *Mushkil al-Wasīṭ 172*
Ibn Sandal, Junayd, see: Zayn al-Dīn al-Ḥanafī, Junayd ibn Sandal
Ibn al-Shahīd al-Thānī, al-Ḥasan ibn Zayn al-Dīn
- *Ma'ālim al-dīn *40-45*
Ibn Shiḥnah, Muḥammad ibn Muḥammad
- *Urjūzah laṭīfah fī al-farā'iḍ 264*
Ibn al-Sirāj al-Qūnawī, Maḥmūd ibn Aḥmad, see: al-Qūnawī, Maḥmūd ibn Aḥmad
Ibn Sūdah, Muḥammad ibn al-Ṭālib, see: al-Tāwudī, Muḥammad ibn al-Ṭālib
Ibn Sulaymān, Maḥmūd ibn Muḥammad
- *Fawā'id al-fatāwī 317*
Ibn Sunaynah, Muḥammad ibn 'Abd Allāh
- *al-Mustaw'ab fī al-fiqh 201*
Ibn Surāqah, Muḥammad ibn Yaḥyá
- *[Fawā'id al-fatāwī] *317*
Ibn Taymīyah, Aḥmad ibn 'Abd al-Ḥalīm
- *[Tract on a specific divorce] *453*
Ibn Walī al-Dīn, Aḥmad
- *Ilhāmiyat qawlihi al-ma'dhūr 128*
Ibn al-Wardī, 'Umar ibn Muẓaffar
- *al-Wasā'il al-muhadhdhabah 262*
Ibn al-Wazīr, Ibrāhīm ibn Muḥammad, see: al-Wazīrī, Ibrāhīm ibn Muḥammad
Ibn Zarqūn, Muḥammad ibn Sa'īd
- *[Recension of al-Mu'lim] 153*
Ibrāhīm al-Ḥalabī, ibn Muḥammad
- *Ghunyat al-mutamallī 105, *106-108*
- *Mukhtaṣar Ghunyat al-mutamallī 106-108*
- *Multaqá al-abḥur 132*
- *Risālah fī al-ḥimmaṣah 356*
Ibrāhīm Ḥaqqī
- *'Urwat al-Islām 254*
al-Ifsinjī, Maḥmūd ibn Muḥammad
- *Ḥaqā'iq al-Manẓūmah 246-247*
al-Ījī, 'Abd al-Raḥmān ibn Aḥmad, see: 'Aḍud al-Dīn al-Ījī, 'Abd al-Raḥmān ibn Aḥmad
al-'Imādī, Muḥammad ibn Muḥammad, see: Abū al-Su'ūd, Muḥammad ibn Muḥammad
Imām al-Ḥaramayn, 'Abd al-Malik ibn 'Abd Allāh
- *al-Waraqāt *26*
Imāmzādah, Muḥammad ibn Abī Bakr
- *Shir'at al-Islām 71-72, *73*
al-'Irāqī, Aḥmad ibn 'Abd al-Raḥīm, see: Ibn al-'Irāqī, Aḥmad ibn 'Abd al-Raḥīm
al-Irbilī, Aḥmad ibn Mūsá, see: Sharaf al-Dīn al-Irbilī, Aḥmad ibn Mūsá
al-Iṣfahānī, Aḥmad ibn al-Ḥusayn
- *Ghāyat al-ikhtiṣār *175-178*
al-Iṣfahānī, Hibat Allāh ibn Najm al-Dīn
- *Jawāhir al-'ulūm 273*
al-Iskandarī, Muḥammad ibn 'Abd al-Salām
- *Bushrá al-mu'minīn 444*
al-Isnawī, 'Abd al-Raḥīm ibn al-Ḥasan
- *Jawāhir al-baḥrayn 186*
- *al-Kalimāt al-muhimmah 464*
- *Tadhkirat al-nabīh 169*
al-Jādawī, Sa'īd ibn Yaḥyá
- *Risālah wa-ajwibah 444*
Jalāl al-Dīn al-Maḥallī, Muḥammad ibn Aḥmad
- *al-Badr al-ṭāli' *33-35*
al-Jamālī, 'Alī ibn Aḥmad
- *Mukhtārāt al-Hidāyah 91*

al-Jamālī, Fuḍayl ibn 'Alī, see: Fuḍayl al-Jamālī, ibn 'Alī
al-Jazā'irī, Muḥammad ibn Maḥmūd
- *Risālah tataḍammanu taḥqīq al-ḥaqq fī ḥādithat waqf* 438
Jīlānī, Muḥammad ibn Riḍā'ī
- *[Glosses on Ma'ālim al-uṣūl]* 45
al-Jundī, Khalīl ibn Isḥāq, see: Khalīl ibn Isḥāq
al-Jurjānī (fl.12-13 cent.?)
- *Mukhtalif al-aṣḥāb* 253
al-Jurjānī, 'Alī ibn Muḥammad
- *al-Farā'iḍ al-Sharīfīyah* 261
- *al-Ḥawāshī al-jadīdah* 24-25
al-Juwaynī, 'Abd al-Malik ibn 'Abd Allāh, see: Imām al-Ḥaramayn, 'Abd al-Malik ibn 'Abd Allāh
Kamāl Pāshāzādah, Aḥmad ibn Sulaymān, see: Ibn Kamāl Bāshā, Aḥmad ibn Sulaymān
al-Karakī, 'Alī ibn 'Abd al-'Alī
- *Jāmi' al-maqāṣid* 225-226
al-Kardarī, Muḥammad ibn Muḥammad
- *al-Wajīz fī al-fatāwī* 301
al-Kāshānī, Abū Bakr ibn Mas'ūd
- *Badā'i' al-ṣanā'i'* 67
al-Kāshānī, Muḥammad ibn Murtaḍá, see: Fayḍ al-Kāshī, Muḥammad ibn Murtaḍá
al-Kāshgharī, Muḥammad ibn Muḥammad
- *Munyat al-muṣallī* 104, *105-108
al-Kawākibī, Muḥammad ibn Ḥasan
- *al-Fawā'id al-samīyah* 144
al-Kaydānī, Luṭf Allāh al-Nasafī al-Fāḍil
- *Maṭālib al-muṣallī* 336-337
al-Khabbāzī, 'Umar ibn Muḥammad
- *al-Mughnī* *4
al-Khādimī, 'Abd Allāh ibn Muḥammad
- *[Tract on coffee]* 433
- *[Tract on smoking]* 434
al-Khādimī, Muḥammad ibn Muṣṭafá
- *Majāmi' al-ḥaqā'iq wa-al-qawā'id* 20
Khalīfah Sulṭān, Ḥusayn ibn Muḥammad, see: Sulṭān al-'Ulamā', Ḥusayn ibn Muḥammad
Khalīl ibn Isḥāq
- *al-Mukhtaṣar fī al-fiqh* *158-160
al-Khaṣṣāf, Aḥmad ibn 'Umar
- *Ādāb al-qāḍī* *54
- *Aḥkām al-wuqūf* 326, *327-328
- *al-Ḥiyal* 296
al-Khāṣṣī, Yūsuf ibn Aḥmad
- *al-Fatāwá al-ṣughrá* 300
al-Khaṭīb al-Shirbīnī, Muḥammad ibn Aḥmad
- *al-Iqnā'* 177-178
al-Khaṭīb al-Timurtāshī, Muḥammad ibn 'Abd Allāh
- *Fayḍ al-ghaffār* 9
- *al-Masā'il allatī yantaqiḍu fīhā ḥukm al-ḥākim* 406
- *Minaḥ al-Ghaffār* 139
- *[al-Fatāwá al-Zaynīyah]* 308-309
al-Khilāṭī, Muḥammad ibn 'Abbād
- *Talkhīṣ al-Jāmi' al-kabīr* 53
al-Khiraqī, 'Umar ibn al-Ḥusayn
- *al-Mukhtaṣar fī al-fiqh* *199-200
al-Khiṣālī, 'Abd al-Raḥmān ibn Ayyūb
- *al-Majmū'ah al-manqūlah* 316
al-Khuttalī, Muḥammad ibn 'Abd Allāh
- *Sharḥ Mukhtaṣar al-Qudūrī* 64
Khwāharzādah, Muḥammad ibn al-Ḥusayn
- *al-Mushkilāt fī sharḥ al-Qudūrī* 63
al-Kurdarī, Muḥammad ibn Muḥammad, see: al-Kardarī, Muḥammad ibn Muḥammad
al-Lāmishī, Maḥmūd ibn Zayd
- *Uṣūl al-fiqh* 2
al-Maḥallī, Muḥammad ibn Aḥmad, see: Jalāl al-Dīn al-Maḥallī, Muḥammad ibn Aḥmad
al-Maḥāmilī, Aḥmad ibn Muḥammad, see: Ibn al-Maḥāmilī, Aḥmad ibn Muḥammad
al-Maḥbūbī, Maḥmūd ibn 'Ubayd Allāh
- *Wiqāyat al-riwāyah* 83, *84-90
al-Maḥbūbī, 'Ubayd Allāh ibn Mas'ūd, see: Ṣadr al-Sharī'ah al-Aṣghar, 'Ubayd Allāh ibn Mas'ūd

al-Mahdī li-Dīn Allāh, Aḥmad ibn Yaḥyá
- *al-Azhār* *240
Mālik ibn Anas
- *[al-Mudawwanah al-kubrá]* *148-152
Manū Muṣliḥ al-Dīn
- *[Tract on divorce]* 408
al-Manūfī, 'Abd al-Jawād ibn Muḥammad
- *al-Fatāwá al-Manūfīyah* 315
al-Maqdisī, 'Abd Allāh ibn Aḥmad, see: Ibn Qudāmah, 'Abd Allāh ibn Aḥmad
al-Maqdisī, 'Alī ibn Muḥammad, see: Ibn Ghānim al-Maqdisī, 'Alī ibn Muḥammad
al-Mar'ashī, Muḥammad Wahbī, see: Sunbulzādah, Muḥammad Wahbī
al-Marghīnānī, 'Abd al-Raḥīm ibn Abī Bakr
- *Fuṣūl al-iḥkām* 97
al-Marghīnānī, 'Alī ibn Abī Bakr
- *Bidāyat al-mubtadi'* 77, *78-91
- *al-Hidāyah* 78-80, *81-91
al-Māridīnī, Muḥammad ibn Muḥammad Sibṭ
- *al-Lum'ah al-shamsīyah* 284
al-Masīlī, 'Abd Allāh ibn Muḥammad
- *Sharḥ uṣūl Ibn al-Ḥājib* 21
al-Māwardī, 'Alī ibn Muḥammad
- *al-Aḥkām al-sulṭānīyah* 166
al-Mawṣilī, 'Abd Allāh ibn Maḥmūd, see: Abū al-Faḍl al-Mawṣilī, 'Abd Allāh ibn Maḥmūd
al-Māzandarānī, Muḥammad Taqī ibn 'Alī, see: al-Nūrī, Muḥammad Taqī ibn 'Alī
al-Māzarī, Muḥammad ibn 'Alī
- *al-Mu'lim* 153
al-Miknāsī, Muḥammad ibn Aḥmad, see: Ibn Ghāzī, Muḥammad ibn Aḥmad
al-Mīrghanī, Muḥammad Amīn ibn Ḥasan
- *Fatāwá* 321
- *[al-Fatāwá al-Sirājīyah]* 305
Muḥammad Binnīs, ibn Aḥmad
- *Nuzhat dhawī al-albāb* 280
Muḥammad Hāshim ibn Muḥammad Ṣāliḥ
- *al-Rawḍah al-bahīyah* 234
Muḥammad ibn al-Ḥājj 'Alī
- *Imdād al-ḥukkām* 313
Muḥammad ibn al-Ḥasan
- *Kashf al-rumūz al-khafīyah* 231
Muḥammad al-Sallāmī, ibn Ibrāhīm
- *Sharḥ al-Raḥbīyah* 285
al-Muḥaqqiq al-Ḥillī, Ja'far ibn al-Ḥasan
- *al-Nāfi'* 208-210, *211-212
- *Sharā'i' al-Islām* 207, *208-217
Muḥarram ibn Muḥammad
- *Hadīyat al-ṣu'lūk* 96
Muḥibb al-Dīn al-Ṭabarī, Aḥmad ibn 'Abd Allāh
- *Ghāyat al-aḥkām* 187
al-Mujāhid, Muḥammad ibn 'Alī, see: al-Ṭabāṭabā'ī, Muḥammad ibn 'Alī
al-Mullā, Abū Bakr ibn Muḥammad
- *Kashf al-iltibās* 439
Mullā Ḥusayn, ibn Iskandar
- *Majma' al-muhimmāt al-dīnīyah* 143
Mullā Khusraw, Muḥammad ibn Farāmurz
- *Durar al-ḥukkām* 127, *128-131
- *Risālah fī jawāz al-masḥ 'alá al-khuffayn* 340
Mullā Muḥsin, Muḥammad ibn Murtaḍá, see: Fayḍ al-Kāshī, Muḥammad ibn Murtaḍá
al-Muṣ'abī, Muḥammad ibn Abī al-Qāsim
- *Jawāb li-ba'ḍ al-mukhālifīn* 446
Muṣallī, Shaykh
- *Manāsik janāb al-Shaykh Muṣallī* 241
Muṣannifak, 'Alī ibn Muḥammad
- *al-Ḥudūd wa-al-aḥkām* 339
Muṣliḥ al-Dīn al-Rūmī, Muṣṭafá ibn Khayr al-Dīn
- *[A tract on divorce]* *408
Muslim ibn Ḥajjāj
- *al-Jāmi' al-ṣaḥīḥ.* *153
al-Nābulusī, 'Abd al-Ghanī ibn Ismā'īl, see: 'Abd al-Ghanī al-Nābulusī, ibn Ismā'īl
al-Najrānī, 'Aṭīyah ibn Muḥammad
- *al-Riyāḍ al-wardīyah* 242
Naqībzādah, 'Abd al-Qādir ibn Yūsuf, see: Ibn al-Naqīb, 'Abd al-Qādir ibn Yūsuf

al-Nāqid, Ibrāhīm ibn Muḥammad
- *Alghāz mūradah fī fann al-furū'* 422
al-Nasafī, 'Abd Allāh ibn Aḥmad
- *al-Kāfī* 110
- *Kanz al-daqā'iq* 111-113, *114-118
- *Manār al-anwār* 6, *7-9
- *al-Mustaṣfá* 69-70
- *al-Wāfī* 109, *110
al-Nasafī, Muḥammad ibn Muḥammad
- *[A collection of fetwas]* 332
al-Nasafī, 'Umar ibn Muḥammad
- *al-Manẓūmah fī al-khilāfīyāt* *245-248
- *Zallat al-qāri'* 330
al-Nāṣiḥī, 'Abd Allāh ibn al-Ḥusayn
- *al-Jam' bayna waqfay Hilāl wa-al-Khaṣṣāf* 327
al-Nawawī, Yaḥyá ibn Sharaf
- *al-Daqā'iq* 181-182
- *Minhāj al-ṭālibīn* *181-185
- *Taṣḥīḥ al-Tanbīh* *169
al-Niḥrīrī, Abū al-Irshād 'Abd Allāh
- *[A tract on inheritance]* 275
al-Nīsābūrī, Mas'ūd ibn Muḥammad
- *al-Hādī* 174
Nishānjīzādah, Muḥammad ibn Aḥmad
- *Nūr al-'ayn* 123-124
- *Tanwīr al-janān* 124
al-Nūrī, Muḥammad Taqī ibn 'Alī
- *Madārij al-wuṣūl* 47
Pīrīzādah, Ibrāhīm ibn Ḥusayn, see: Ibn Pīrī, Ibrāhīm ibn Ḥusayn
al-Qā'ānī, Manṣūr ibn Aḥmad, see: Ibn al-Qā'ānī, Manṣūr ibn Aḥmad
Qāḍīzādah, Muḥammad
- *Risālah fī al-wakālah* 417
al-Qaramānī, Muṣṭafá ibn Zakarīyā
- *al-Tawḍīḥ* 57
al-Qāri' al-Harawī, 'Alī ibn Muḥammad
- *al-Maslak al-mutaqassiṭ* 138
Qāri' al-Hidāyah, 'Umar ibn 'Alī
- *al-Fatāwá al-Sirājīyah* 305
al-Qāriṣī, Sa'dī 'Uthmān ibn al-Ḥabīb
- *al-Shab' bi-al-ṭarīq al-ūlá* 25
al-Qasṭamūnī, Muḥammad ibn 'Abd Allāh
- *Fatāwá Ūskūbī* 312
al-Qaṭṭānī, 'Umar ibn 'Alī, see: Qāri' al-Hidāyah, 'Umar ibn 'Alī
al-Qayṣarī, 'Abd al-Muḥsin ibn Muḥammad
- *al-Manẓūmah* 263
al-Qazwīnī, 'Abd al-Ghaffār ibn 'Abd al-Karīm, see: 'Abd al-Ghaffār al-Qazwīnī, ibn 'Abd al-Karīm
al-Qudūrī, Aḥmad ibn Muḥammad
- *Mukhtaṣar al-Qudūrī* 58-61, *62-66
al-Quhistānī, Muḥammad
- *Jāmi' al-rumūz* 89-90
al-Qummī, Abū al-Qāsim ibn al-Ḥasan
- *al-Qawānīn al-mufradah* 44
al-Qūnawī, 'Alī ibn Ismā'īl
- *Sharḥ al-Ḥāwī al-ṣaghīr* 179
al-Qūnawī, Maḥmūd ibn Aḥmad
- *al-Bughyah* 303
al-Qurashī, 'Abd al-Raḥmān ibn Yaḥyá
- *Ṭarīqah badī'ah li-'amal al-farā'iḍ* 277
al-Rāfi'ī, 'Abd al-Karīm ibn Muḥammad
- *Fatḥ al-'Azīz* *171
- *al-Muḥarrar* *181-182
- *al-Sharḥ al-ṣaghīr* 171
al-Raḥbī, Muḥammad ibn 'Alī, see: Ibn al-Mutaqqinah, Muḥammad ibn 'Alī
al-Rajrājī, 'Īsá ibn 'Abd al-Raḥmān, see: al-Suktānī, 'Īsá ibn 'Abd al-Raḥmān
al-Rashīdī, Muḥammad ibn 'Īsá
- *'Unwān al-faḍl* 204
al-Rasmūkī, Aḥmad ibn Sulaymān
- *Kashf al-ḥijāb* 282
al-Rawdānī, Aḥmad ibn al-Ḥasan
- *Jumlah min ajwibat shaykhinā* 323
al-Rāzī, Muḥammad ibn Abī Bakr
- *Tuḥfat al-mulūk* 93, *94-96
al-Rāzī, Muḥammad ibn 'Umar, see: al-Fakhr
al-Rāzī, Muḥammad ibn 'Umar
al-Sa'd al-Taftāzānī, Mas'ūd ibn 'Umar
- *al-Talwīḥ* 13-15
- *Tatimmat sharḥ al-sharḥ* 23

al-Ṣadr al-Shahīd, 'Umar ibn 'Abd al-'Azīz
- *Sharḥ Ādāb al-qāḍī* 54
Ṣadr al-Sharī'ah al-Aṣghar, 'Ubayd Allāh ibn Mas'ūd
- *al-Nuqāyah* 90-91, *126
- *Sharḥ al-Wiqāyah* 84-85
- *Tanqīḥ al-uṣūl* *10-17
- *al-Tawḍīḥ* 10-12, *13-15
al-Ṣafī al-Hindī, Muḥammad ibn 'Abd al-Raḥīm
- *Nihāyat al-wuṣūl* 32
Saḥnūn, 'Abd al-Raḥmān ibn Sa'īd
- *al-Mudawwanah al-kubrá* 148-152
al-Sajāwandī, Muḥammad ibn Muḥammad
- *al-Sirājīyah* 258-259, *260-261
Ṣalāḥ al-Dīn al-'Alā'ī, Khalīl ibn Kaykaldī
- *al-Majmū' al-mudhahhab* 188
al-Sallāmī, Muḥammad ibn Ibrāhīm, see: Muḥammad al-Sallāmī, ibn Ibrāhīm
al-Sam'ānī, Ḥusayn ibn Muḥammad, see: al-Samanqānī, Ḥusayn ibn Muḥammad
al-Samanqānī, Ḥusayn ibn Muḥammad
- *Khizānat al-muftīn* 119
al-Samarqandī, Muḥammad ibn Aḥmad
- *Tuḥfat al-fuqahā'* *67
al-Samarqandī, Muḥammad ibn Yūsuf
- *al-Fiqh al-nāfi'* 68, *69-70
- *Jāmi' al-fatāwī* 299
- *al-Multaqāt* 298
al-Samarqandī, Naṣr ibn Muḥammad, see: Abū al-Layth al-Samarqandī, Naṣr ibn Muḥammad
al-Samarqandī, Shams al-Dīn Muḥammad
- *al-Fuṣūl fī 'ilm al-khilāf* *251
al-Sāmarrī, Muḥammad ibn 'Abd Allāh, see: Ibn Sunaynah, Muḥammad ibn 'Abd Allāh
al-Samhūdī, 'Alī ibn 'Abd Allāh
- *Ṣadḥ al-sawāji'* 34
al-Sanāmī, 'Umar ibn Muḥammad
- *Niṣāb al-iḥtisāb* 334-335
al-Sāqizī, Ṣādiq Muḥammad ibn 'Alī
- *Ṣurrat al-fatāwī* 314
al-Ṣarṣarī, Sulaymān ibn 'Abd al-Qawī
- *al-Bulbul* 36
al-Shahīd al-Awwal, Muḥammad ibn Makkī
- *al-Durrah al-alfīyah* *230
- *al-Lum'ah al-Dimashqīyah* *231-234
al-Shahīd al-Thānī, Zayn al-Dīn ibn 'Alī
- *al-Maqāṣid al-'alīyah* 230
- *Masālik al-afhām* 213-217
- *al-Rawḍah al-bahīyah* *231-232
al-Shahrazūrī, 'Uthmān ibn 'Abd al-Raḥmān, see: Ibn al-Ṣalāḥ, 'Uthmān ibn 'Abd al-Raḥmān
al-Shāhrūdī, 'Alī ibn Muḥammad, see: Muṣannifak, 'Alī ibn Muḥammad
al-Shammarī, Ibrāhīm ibn 'Abd Allāh
- *[Certificate of studies]* 293
Sharaf al-Dīn al-Ghazzī, ibn 'Abd al-Qādir
- *[Decision of settlement]* 271
Sharaf al-Dīn al-Irbilī, Aḥmad ibn Mūsá
- *Ghunyat al-faqīh* 168
al-Sha'rānī, 'Abd al-Wahhāb ibn Aḥmad
- *Durar al-ghawwāṣ* *472
- *al-Mīzān al-Sha'rānīyah* 195
al-Sharīf al-Jurjānī, 'Alī ibn Muḥammad, see: al-Jurjānī, 'Alī ibn Muḥammad
al-Shawbarī, Muḥammad ibn Aḥmad
- *Ḥāshiyah 'alá sharḥ al-Manhaj* 185
al-Shaybānī, Muḥammad ibn al-Ḥasan
- *al-Jāmi' al-kabīr* *50-53
- *al-Jāmi' al-ṣaghīr* 48
- *al-Mabsūṭ* 49
- *[Proof he was a Hanafi]* *432
al-Shaybānī, Yaḥyá ibn Hubayrah, see: Ibn Hubayrah, Yaḥyá
Shaykhzādah, Ṣun' Allāh ibn 'Abd al-Raḥīm
- *Masā'il nādirah* 318
al-Shayzarī, 'Abd al-Raḥmān ibn Naṣr
- *Nihāyat al-rutbah* 448-449
al-Shinshawrī, 'Abd Allāh ibn Muḥammad
- *al-Fawā'id al-Shinshawrīyah* 287
al-Shīrāzī, Ibrāhīm ibn 'Alī
- *al-Mudhahhab fī al-madhhab* 167
- *al-Tanbīh fī al-fiqh* *168-170

al-Shirbīnī, Muḥammad ibn Aḥmad, see: al-Khaṭīb al-Shirbīnī, Muḥammad ibn Aḥmad
al-Shirwānī, Muḥammad ibn al-Ḥasan
- *Ḥāshiyah 'alá al-Ma'ālim* 42
al-Shurunbulālī, Ḥasan ibn 'Ammār
- *al-Aḥkām al-mulakhkhaṣah* 411-412
- *Ghunyat dhawī al-aḥkām* 131
- *Ḥifẓ al-aṣgharayn* 414
- *Imdād al-Fattāḥ* 140-141
- *Marāqī al-falāḥ* 142
- *Nūr al-īḍāḥ* *140-142
- *Sa'ādat ahl al-Islām* 413
al-Sighnāqī, Ḥusayn ibn 'Alī
- *al-Kāfī sharḥ Uṣūl al-Bazdawī* 1
al-Similāwī, 'Abd al-Mu'ṭī ibn Sālim
- *al-Murabba' fī ḥukm al-'aqd* 473
al-Simlālī, Ibrāhīm ibn Abī al-Qāsim
- *Ajniḥat al-ghurāb* *282
al-Sindī, Muḥammad ibn 'Abd al-Hādī
- *Gharā'ib al-nikāt* 476
- *Qawl al-raḍīn* 478
- *al-Ṣadaqah fī al-masjid* 475
- *Tuḥfat al-azkiyā'* 477
- *[Tract on recitation in prayer]* 474
al-Sindī, Raḥmat Allāh ibn 'Abd Allāh
- *al-Mansak al-awsaṭ* *138
al-Sinjārī, 'Abd Allāh ibn 'Alī
- *Rūḥ al-shurūḥ* 260
al-Subkī, 'Abd al-Wahhāb ibn 'Alī, see: Tāj al-Dīn al-Subkī, 'Abd al-Wahhāb ibn 'Alī
al-Subkī, 'Alī ibn 'Abd al-Kāfī, see: Taqī al-Dīn al-Subkī, 'Alī ibn 'Abd al-Kāfī
al-Suktānī, 'Īsá ibn 'Abd al-Raḥmān
- *Jumlah min ajwibat shaykhinā* 323
Sulṭān al-'Ulamā', Ḥusayn ibn Muḥammad
- *Ḥāshiyah 'alá al-Ma'ālim* 40-41
Sunbulzādah, Muḥammad Wahbī
- *Tawfīq al-Ilāh* 136
al-Suyūṭī, 'Abd al-Raḥmān ibn Abī Bakr
- *al-Ashbāh wa-al-naẓā'ir* 193
- *al-Minḥah fī faḍā'il al-subḥah* 470
al-Ṭabarī, Aḥmad ibn 'Abd Allāh, see: Muḥibb al-Dīn al-Ṭabarī, Aḥmad ibn 'Abd Allāh
al-Ṭabāṭabā'ī, Muḥammad ibn 'Alī
- *Manāhil al-aḥkām* 240
al-Taftāzānī, Mas'ūd ibn 'Umar, see: al-Sa'd al-Taftāzānī, Mas'ūd ibn 'Umar
al-Ṭaḥāwī, Aḥmad ibn Muḥamad
- *al-Jāmi' al-kabīr fī al-shurūṭ* *163
Tāj al-Dīn al-Subkī, 'Abd al-Wahhāb ibn 'Alī
- *al-Ibhāj* 30
- *Jam' al-jawāmi'* *33-35
Taqī al-Dīn al-Ḥiṣnī, Abū Bakr ibn Muḥammad
- *Kifāyat al-akhyār* 175
Taqī al-Dīn al-Subkī, 'Alī ibn 'Abd al-Kāfī
- *Durrat al-ghawwāṣ* 457
- *Ḥādithah bi-'Akkā'* 458
- *al-Ḥalabīyāt* 452
- *Ḥusn al-ṣanī'ah* 455
- *al-Ibhāj fī sharḥ al-Minhāj* 30
- *Kashf al-ghummah* 288
- *Kitāb al-jirāḥ* 460
- *Mas'alat birr al-wālidayn* 461
- *al-Nuqūl al-badī'ah* 456
- *al-Ṣanī'ah* 454
- *al-Sayf al-maslūl* 462
- *al-Taḥqīq fī mas'alat al-ta'līq* 453
- *Ṭalī'at al-fatḥ wa-al-naṣr* 451
- *[Various legal decisions]* 459
al-Ṭarābulusī, Ibrāhīm ibn Mūsá, see: al-Burhān al-Ṭarābulusī, Ibrāhīm ibn Mūsá
al-Tāwudī, Muḥammad ibn al-Ṭālib
- *Ḥaly al-ma'āṣim* 161
al-Timurtāshī, Ṣāliḥ ibn Aḥmad
- *Tanwīr al-abṣār* *139
al-Ṭūfī, Sulaymān ibn 'Abd al-Qawī, see: al-Ṣarṣarī, Sulaymān ibn 'Abd al-Qawī
al-Ṭūrī, 'Alī ibn 'Abd Allāh
- *Mutammam al-Baḥr al-rā'iq* 117
al-Ṭūsī, Muḥammad ibn al-Ḥasan, see: Abū Ja'far al-Ṭūsī, Muḥammad ibn al-Ḥasan

al-Urmawī, Muḥammad ibn ʻAbd al-Raḥīm, see: al-Ṣafī al-Hindī, Muḥammad ibn ʻAbd al-Raḥīm
al-Uskūbī
- *Fatāwá Ūskūbī 312*
al-Usmandī, Muḥammad ibn ʻAbd al-Ḥamīd, see: al-ʻAlā' al-Usmandī, Muḥammad ibn ʻAbd al-Ḥamīd
al-Usrūshanī, Muḥammad ibn Maḥmūd
- *Jāmiʻ aḥkām al-ṣighār 92*
al-ʻUtaqī, ʻAbd Allāh ibn al-Qāsim see: Ibn al-Qāsim, ʻAbd Allāh
al-Wānī, Muḥammad ibn Muṣṭafá
- *Taʻlīqāt ʻalá Durar al-ḥukkām *128*
al-Wattār, Niʻmat Allāh
- *al-Fatḥ al-Mannān 194*
al-Wazīrī, Ibrāhīm ibn Muḥammad
- *Hidāyat al-afkār 243*
Yaḥyá, Effendi
- *[A lawyer's notebook] 435*
al-Zāhidī al-Ghazmīnī, Mukhtār ibn Maḥmūd
- *Qunyat al-Munyah 302, *303*
Zakarīyā al-Anṣārī, ibn Muḥammad
- *Fatḥ al-Wahhāb *185*
- *Manhaj al-ṭullāb *185*
- *Tuḥfat al-ṭullāb 164-165*
al-Zarkashī, Muḥammad ibn Bahādur
- *Sharḥ al-Khiraqī 200*
al-Zawzanī, Muḥammad ibn Maḥmūd
- *Multaqá al-biḥār 248*
al-Zaylaʻī, Muḥarram ibn Muḥammad, see: Muḥarram ibn Muḥammad
al-Zaylaʻī, ʻUthmān ibn ʻAlī
- *Tabyīn al-ḥaqā'iq 114*
Zayn al-Dīn al-Ḥanafī, Junayd ibn Sandal
- *Tawfīq al-ʻināyah 86*

TITLE INDEX

Ādāb al-awṣiyā' 270
al-Ādāb al-dīnīyah 329
Ādāb al-qāḍī *54
al-Aḥkām al-mulakhkhaṣah 411-412
al-Aḥkām al-sulṭānīyah 166
Aḥkām al-waqf 326, *327-328
al-Ajma' fī sharḥ al-Majma' 120
Ajniḥat al-ghurāb *282
Ajwibat al-as'ilah *476
al-Alfīyah fī farḍ al-ṣalāh al-yawmīyah, see: *al-Durrah al-alfīyah*
Alghāz mūradah fī fann al-furū' 422
'Arūs al-khalwah 338
al-Ashbāh wa-al-naẓā'ir li-Ibn Nujaym 133-135, *136
al-Ashbāh wa-al-naẓā'ir lil-Suyūṭī 193
al-Aṣl fī al-furū', see: *al-Mabsūṭ*
al-Azhār *243
Badā'i' al-ṣanā'i' 67
Badī' al-niẓām 5
al-Badr al-ṭāli' *33-35
Baḥr al-ḥaqā'iq 239
al-Baḥr al-rā'iq 115-116, *117
al-Bazzāzīyah fī al-fatāwī, see: *al-Jāmi' al-wajīz*
Bidāyat al-mubtadi' 77, *78-91
al-Bughyah fī talkhīṣ al-Qunyah 303
Bughyat al-sālik 480
Bughyat al-ṭālibīn 35
Bughyat al-ṭullāb 279, *280
al-Bulbul 36
Bushrá al-mu'minīn 443
al-Daqā'iq 181-182
Ḍiyā' al-lāmi' 212
Durar al-ghawwāṣ 472
Durar al-ḥukkām 127, *128-131
al-Durar al-lawāmi' 33
al-Durrah al-alfīyah *230
Durrat al-ghawwāṣ 457
Kitāb al-farā'iḍ lil-Ḥawfī *277-278
al-Farā'id al-sanīyah *144
al-Farā'iḍ al-Sharīfīyah 261
al-Farā'iḍ al-Sirājīyah, see: *al-Sirājīyah*
Faṣl al-maqāl 441, *442
Fatāwá lil-Mīrghanī 321
Fatāwá Abī al-Layth al-Samarqandī 297
al-Fatāwá al-'adlīyah 311
al-Fatāwá al-Bazzāzīyah, see: *al-Jāmi' al-wajīz*
Fatāwá Ibn al-Ṣalāḥ 324
al-Fatāwá al-Manūfīyah 315
al-Fatāwá al-Sirājīyah 305
al-Fatāwá al-ṣughrá 300
al-Fatāwá al-Tātārkhānīyah 306-307
Fatāwá Ūskūbī 312
al-Fatāwá al-Zaynīyah 308-309
Fatḥ aqfāl al-mabāḥith 286
Fatḥ al-'Azīz *171
al-Fatḥ al-Mannān 194
Fatḥ al-Wahhāb *185
Fatwá fī tanzīh al-Shaykh Muḥyī al-Dīn 354-355
Fawā'id al-fatāwī 317
al-Fawā'id al-samīyah 144
al-Fawā'id al-Shinshawrīyah 287
Fayḍ al-ghaffār 9
al-Fiqh al-nāfi' 68, *69-70
al-Fuṣūl fī 'ilm al-khilāf *251
Fuṣūl al-iḥkām 97
Fuṣūl al-'Imādī, see: *Fuṣūl al-iḥkām*
Gharā'ib al-nikāt 476
Ghāyat al-iḥkām 187
Ghāyat al-ikhtiṣār *175-178
al-Ghāyah al-quṣwá 173
al-Ghayth al-munajjas 429
Ghunyat al-bāḥith *283-287
Ghunyat dhawī al-aḥkām 131
Ghunyat al-faqīh 168
Ghunyat al-mutamallī 105, *106-108
Ghurar al-aḥkām *127-131
al-Hādī 174
Hādī al-nabīh 170
Ḥadīqat al-muftī 322
Ḥādithah bi-'Akkā' 458
Hadīyat al-ṣu'lūk 96
al-Ḥalabīyāt 452
Ḥaly al-ma'āṣim 161
Ḥaqā'iq al-Manẓūmah 246-247
Ḥāshiyah 'alá Durar al-ḥukkām 129-130
Ḥāshiyah 'alá al-Ma'ālim 40-43

Ḥāshiyah 'alá Sharḥ al-Farā'id 265
Ḥāshiyah 'alá sharḥ al-Manhaj 185
Ḥāshiyat sharḥ al-Lum'ah 233
al-Ḥawāshī al-jadīdah 24-25
al-Ḥāwī al-ṣaghīr *179-180
al-Hidāyah 78-80, *81-91
Hidāyat al-afkār 243
Hidāyat al-Hidāyah 81
Ḥifẓ al-aṣgharayn 414
al-Ḥiyal 296
al-Ḥudūd wa-al-aḥkām 339
Ḥusn al-ṣanī'ah 455
al-Ī'āb *433
al-Ibhāj 30
Īḍāḥ kayfīyat qismat al-māl 281
al-Īḍāḥ wa-al-tabyīn, see: *Ikhtilāf al-'ulamā'*
Ikhtilāf al-'ulamā' 249
al-Ikhtiyār li-ta'līl al-Mukhtār 98-99
al-Ikhtiyārāt min al-fiqh 126
Ikrām man ya'īsh 466
Ilhāmiyat qawlihi al-ma'dhūr 128
Imdād al-Fattāḥ 140-141
Imdād al-ḥukkām 313
Inqādh al-hālikīn 401-402
al-Intiṣār 250
Iqāmat al-dalīl 450
Īqāẓ al-nā'imīn 405
al-'Iqd al-mudhahhab 196
al-Iqnā' 177-178
al-Iqtiṣād 465
Irshād al-adhhān 218-220, *221
Irshād al-ghāwī 180
al-Is'āf 328
al-Iṣlāḥ wa-al-īḍāḥ 88
Itḥāf man bādar 431
al-Jam' bayna waqfay Hilāl wa-al-Khaṣṣāf 327
Jam' al-jawāmi' *33-35
Jāmi' aḥkām al-ṣighār 92
Jāmi' aqwāl al-'ulamā' 295
Jāmi' al-fatāwī 299
Jāmi' al-fuṣūlayn 121-122, *123-124
al-Jāmi' al-kabīr lil-Shaybānī *50-53
al-Jāmi' al-kabīr fī al-shurūṭ *163
Jāmi' li-jamī' sujūd al-sahw 342
Jāmi' al-maqāṣid 225-226
al-Jāmi' al-mustawfī 278
Jāmi' al-rumūz 89-90
al-Jāmi' al-ṣaghīr 48
al-Jāmi' al-ṣaḥīḥ *153
Jāmi' al-ṣighār, see: *Jāmi' aḥkām al-ṣighār*
Jāmi' al-ummahāt, see: *Mukhtaṣar al-muntahá*
al-Jāmi' al-wajīz 304
Jawāb li-ba'ḍ al-mukhālifīn 446
al-Jawāb al-sharīf 432
Jawāhir al-baḥrayn 186
Jawāhir al-farā'iḍ 266
Jawāhir al-'ulūm 273
al-Jawhar al-fard 467
Kitāb al-jirāḥ 460
Jumlah min ajwibat shaykhinā 323
al-Kāfī lil-Nasafī 110
al-Kāfī li-Ibn Qudāmah 202-203
al-Kāfī sharḥ Uṣūl al-Bazdāwī 1
al-Kalimāt al-muhimmah 464
Kanz al-daqā'iq 111-113, *114-118
Kanz al-wuṣūl *1
Kashf al-ghummah 288
Kashf al-ḥijāb 282
Kashf al-iltibās 439
al-Kashf al-rā'iḍ 290
Kashf al-riwāq *281
Kashf al-rumūz al-khafīyah 231
al-Khayr al-bāqī 359
Khizānat al-fiqh 55
Khizānat al-muftīn 119
Khulāṣat al-dalā'il 65-66
Khulāṣat al-Kaydānī, see: *Maṭālib al-muṣallī*
Khulāṣat al-taḥqīq 19
Khulāṣat al-taḥṣīl 278
Kifāyat al-akhyār 175
Kitāb fī al-ṭibb 479
Lisān al-muftīn 310
Lubāb al-fiqh *164-165
al-Lum'ah al-Dimashqīyah *231-234
al-Lum'ah al-shamsīyah 284
Ma'ālim al-dīn *40-45
Mabādi' al-wuṣūl 39

al-Mabsūṭ li-Abī Ja'far al-Ṭūsī 206
al-Mabsūṭ lil-Shaybānī 49
Madārij al-wuṣūl 47
Mafātīḥ al-jinān 73
Mafātīḥ al-ṣalāh *420-421
Mafātīḥ al-sharā'i' 236
al-Maḥṣūl fī 'ilm al-uṣūl 27-28
Majāmi' al-ḥaqā'iq wa-al-qawā'id 20
al-Majma' *120
Majma' al-baḥrayn 100, *101-103
Majma' al-fā'idah wa-al-burhān 221
Majma' al-muhimmāt al-dīnīyah 143
al-Majmū' al-mudhahhab 188
al-Majmū'ah al-manqūlah 316
Malja' al-quḍāh 409-410
Man lā yaḥḍuruhu al-faqīh 205
Manāhil al-aḥkām 240
Manār al-anwār 6, *7-9
Manāsik janāb al-Shaykh Muṣallī 241
Manḥ al-qadīr 160
Manhaj al-ṣawāb 463
Manhaj al-ṭullāb *185
al-Mansak al-awsaṭ *138
al-Manẓūmah lil-Qayṣarī 263
al-Manẓūmah fī al-khilāfīyāt *245-248
al-Maqāṣid al-'alīyah 230
al-Maqāṣid al-mumaḥḥaṣah 423
Marāqī al-falāḥ 142
Marji' al-quḍāh 440
al-Masā'il allatī yantaqiḍu fīhā ḥukm 406
Masā'il al-khilāf, see: Ru'ūs al-masā'il
Masā'il nādirah 318
al-Mas'alah al-khāṣṣah 361
al-Mas'alah allatī dhakarahā Abū al-Walīd fī Faṣl al-maqāl 442
Mas'alat birr al-wālidayn 461
Mas'alat dukhūl walad al-bint fī al-mawqūf 267-268
Masālik al-afhām 213-217
al-Maslak al-mutaqassiṭ 138
Maṭālib al-muṣallī 336-337
Mawāḍi' 'adam jawāz al-salām 421
Minaḥ al-ghaffār 139
al-Minḥah fī faḍā'il al-subḥah 470
Minhāj al-ṭālibīn *181-185
Minhāj al-wuṣūl 29, *30-31
Minḥat al-sulūk 95
Miṣbāḥ al-Hidāyah *194
al-Mīzān al-Sha'rānīyah 195
Mu'addil al-ṣalāh 403-404
al-Mudawwanah 148-152
al-Mudhahhab al-bāri' 211
al-Mudhahhab fī al-madhhab 167
Mudhahhab al-ghawāmiḍ 292
al-Mughnī li-Ibn Qudāmah 199
al-Mughnī lil-Khabbāzī *4
al-Muḥarrar *181-182
Mukhtalif al-aṣḥāb 253
Mukhtalif al-Shī'ah 255-256
al-Mukhtār *98-99
Mukhtārāt al-Hidāyah 91
al-Mukhtaṣar lil-Ba'lī 37
al-Mukhtaṣar li-Khalīl ibn Isḥāq *158-160
al-Mukhtaṣar lil-Khiraqī *199-200
Mukhtaṣar Ghunyat al-mutamallī 106-108
Mukhtaṣar al-muntahá *21-25
Mukhtaṣar al-Qudūrī 58-61, *62-66
al-Mu'lim 153
Multaqá al-abḥur 132
Multaqá al-biḥār 248
al-Multaqāṭ 298
Muntahá al-maṭlab 229
Muntahá al-wuṣūl 38
Munyat al-ḥussāb *279-280
Munyat al-muṣallī 104, *105-108
al-Muqaddimah al-'Ashmawīyah 443
al-Muqaddimah al-Ghaznawīyah 74-76
Muqaddimat al-ṣalāh 56, *57
al-Muqtabas al-mukhtār *9
al-Murabba' fī ḥukm al-'aqd 473
Mushkil al-Wasīṭ 172
al-Mushkilāt fī sharḥ al-Qudūrī 63
al-Mustaṣfá 69-70
al-Mustaw'ab 201
Mutammam al-Baḥr al-rā'iq 117
Nafḍ al-ja'bah 428
al-Nāfi' 208-210, *211-212
al-Nahr al-fā'iq 118
al-Najm al-wahhāj 184
Naṣīḥat al-aḥbāb 469

Nihāyat al-rutbah 448-449
Nihāyat al-wuṣūl 32
Niṣāb al-iḥtisāb 334-335
Nukhbah wajīzah 235
al-Nuqāyah 90-91, *126
al-Nuqūl al-badī'ah 456
Nūr al-'ayn 123-124
Nūr al-īḍāḥ *140-142
al-Nuṭaf al-ḥisān 125
Nuzhat dhawī al-albāb 280
Qawā'id al-aḥkām 222-224, *225-226
al-Qawānīn al-mufradah al-muḥkamah 44
al-Qawl al-maqbūl 468
al-Qawl al-naqī 357-358
Qawl al-raḍīn 478
Qunyat al-Munyah 302, *303
Rad' al-rāghib 407
Raf' al-ghishā' 362
Raf' al-'inād 426
al-Raḥbīyah, see: Ghunyat al-bāḥith
al-Rawḍah al-bahīyah li-Muḥammad Hāshim ibn Muḥammad Ṣāliḥ 234
al-Rawḍah al-bahīyah lil-Shahīd al-Thānī *231-232
Rawḍat al-nāẓir *36
al-Risālah li-Ibn Abī Zayd *154-156
Risālah 'adlīyah 400
al-Risālah allatī istaqarra al-ḥāl 'alayhā thāniyan 378
Risālah fī 'amal al-munāsakhāt 289
Risālah fī bayān al-iqṭā'āt 371
Risālah fī bayān ḥukm dhabā'iḥ al-mushrikīn 471
Risālah fī bayān mā yasquṭu min al-ḥuqūq 370
Risālah fī bayān taḥrīm al-dukhān 416
Risālah fī dhikr al-af'āl 360
Risālah fī al-ghirās 418
Risālah fī ḥaqq al-dukhān 415
Risālah fī ḥaqq al-Muslim wa-al-Muslimah 447
Risālah fī al-ḥimmaṣah 356
Risālah fī ḥudūd al-fiqh 397
Risālah fī al-ḥukm bi-al-mūjib 386
Risālah fī iqāmat al-qāḍī al-ta'zīr 369
Risālah fī al-istiṣḥāb 389
Risālah fī jawāz al-istikhlāf 349-350
Risālah fī jawāz al-masḥ 'alá al-khuffayn 340
Risālah fī al-kanā'is al-Miṣrīyah 368
Risālah fī lubs al-aḥmar 419
Risālah fī makātīb al-awqāf 375
Risālah fī masā'il al-ibrā' 394
Risālah fī mas'alat dukhūl awlād al-banāt 270
Risālah fī mas'alat al-jibāyāt 395
Risālah fī matrūk al-tasmiyah 'amadan 381
Risālah fī mudarris Ḥanafī 383
Risālah fī al-nadhr 390
Risālah fī nikāḥ al-fuḍūlī 379
Risālah fī al-rashwah 367
Risālah fī al-safīnah idhā ghariqat 373
Risālah fī shirā' jāriyah Turkīyah 380
Risālah fī ṣūrat bay' al-waqf 387
Risālah fī ṣūrat da'wá faskh al-ijārah al-ṭawīlah 385
Risālah fī ṣūrat da'wá istibdāl 'ayn 384
Risālah fī ṣūrat ḥujjah rufi'at ilayy 388
Risālah fī taḥrīr al-maqāl 366
Risālah fī ṭalab al-yamīn 365
Risālah fī al-ṭalāq al-mu'allaq 364
Risālah fī ta'līq ṭalāq 382
Risālah fī al-tanāquḍ fī al-da'wá 393
Risālah fī taqaddum da'wá 391
Risālah fī tarjīḥ al-fiqh 18
Risālah fī al-wakālah 417
Risālah fīmā yubṭilu da'wá al-mudda'ī 392
Risālah fīman ishtará shay'an 396
Risālah fīman yatawallá al-ḥukm 372
Risālah kāfilah bi-bayān ṣiyagh al-'uqūd 437
Risālah ma'mūlah 'alá anna al-istījār 'alá ta'līm al-Qur'ān... 347
Risālah ma'mūlah fī anna ḥadd al-khamr ḥadd al-shurb 344
Risālah ma'mūlah fī bayān ḥaqīqat al-ribā 343
Risālah ma'mūlah fī ḥaqq al-salām 420
Risālah ma'mūlah fī ta'līm al-amr 345
Risālah tataḍammanu taḥqīq al-ḥaqq 438

Risālah wa-ajwibah 445
Risālat al-amīr Khāyir Bakk 374
Risālat dhakhrat al-muta'ahhilīn 399
Risālat fiqh al-Kaydānī, see: Maṭālib al-muṣallī
Risālat al-khiḍāb 348
Risālat sharṭ waqf al-Ghūrī 376
Risālat ṣūrah waqfīyah 377
Risālat ṭāḥūnat kharāb 427
Risālat al-tas'īr 430
al-Riyāḍ al-wardīyah 232
Rūḥ al-shurūḥ 260
Ru'ūs al-masā'il 244
Sa'ādat ahl al-Islām 412
al-Ṣadaqah fī al-masjid 474
Ṣadḥ al-sawājiʻ 34
al-Ṣanī'ah 453
al-Sayf al-maslūl 461
al-Shab' bi-al-ṭarīq al-ūlá 25
Sharā'i' al-Islām 207, *208-217
Sharḥ Ādāb al-qāḍī 54
Sharḥ daqā'iq alfāẓ al-Minhāj, see: al-Daqā'iq
Sharḥ al-Fuṣūl 251
Sharḥ al-Ḥāwī al-ṣaghīr 179
Sharḥ al-Jāmi' al-kabīr 50
Sharḥ al-Khiraqī 200
Sharḥ Majma' al-baḥrayn 101-103
Sharḥ Manār al-anwār 7-8
Sharḥ al-Mughnī 4
Sharḥ Mukhtalif al-riwāyah 245
Sharḥ Mukhtaṣar al-Qudūrī 62, 64
Sharḥ Mukhtaṣar al-Wiqāyah, see: Jāmi' al-rumūz
Sharḥ Mukhtaṣar Ibn al-Ḥājib 22, *23-25
Sharḥ Mukhtaṣar Khalīl 158
Sharḥ mushkilāt al-Qudūrī, see: al-Mushkilāt fī sharḥ al-Qudūrī
Sharḥ al-nukat al-arba'īn 332
Sharḥ al-Raḥbīyah 285
al-Sharḥ al-ṣaghīr 171
Sharḥ Tuḥfat al-mulūk wa-al-salāṭīn 94
Sharḥ uṣūl Ibn al-Ḥājib 21
Sharḥ al-Wiqāyah 84-85, 87
Shifā al-ghalīl 159
Shir'at al-Islām 71-72, *73
al-Shurūṭ al-kabīr, see: al-Jāmi' al-kabīr fī al-shurūṭ
al-Sirājīyah 258-259, *260-261
al-Ṣulḥ 340
Ṣurrat al-fatāwī 314
Ṭabaqāt al-fuqahā' 352-353
Tabyīn al-ḥaqā'iq 114
Tadhkirat al-fuqahā' 325
Tadhkirat al-muḥtāj 31
Tadhkirat al-nabīh 169
al-Tafsīr min al-takfīr 425
Taghyīr al-Tanqīḥ 16-17
al-Taḥqīq fī mas'alat al-ta'līq 453
Taḥrīr al-aḥkām al-shar'īyah 227-228
Taḥrīr al-aḥkām fī tadbīr ahl al-Islām 190
Taḥrīr 'ayn al-athbāt 424
Taḥrīr fī sharḥ al-Jāmi' al-kabīr 51-52
Taḥrīr Tanqīḥ al-Lubāb *164-165
Takmilat al-Baḥr al-rā'iq, see: Mutammam al-Baḥr al-rā'iq
Ṭalī'at al-fatḥ wa-al-naṣr 451
Ta'līm al-amr wa-taḥrīm al-khamr 350
Ta'līq 'alá al-Waraqāt 26
Ta'līqāt 'alá Durar al-ḥukkām *128
Talkhīṣ al-Jāmi' al-kabīr 53
al-Talwīḥ 13-15
al-Tanbīh fī al-fiqh *168-170
Tanqīḥ al-Lubāb *164-165
Tanqīḥ al-uṣūl *10-17
Tanwīr al-abṣār *139
Tanwīr al-janān 124
Taqrīb fī al-fiqh, see: Ghāyat al-ikhtiṣār
Taqyīd 'alá Risālat Ibn Abī Zayd 154-155
al-Tarājīḥ 3
Ṭarīqah badī'ah 277
Taṣḥīḥ al-Tanbīh *169
Tatimmat sharḥ al-sharḥ 23
al-Tawḍīḥ lil-Qaramānī 57
al-Tawḍīḥ fī ḥall ghawāmiḍ al-Tanqīḥ 10-12, *13-15
Tawfīq al-Ilāh 136
Tawfīq al-'ināyah 86
al-Tuḥfah al-marḍīyah 363
al-Tuḥfah al-qudsīyah 283, *284

Tuḥfat al-azkiyā' 477
Tuḥfat al-fuqahā' *67
Tuḥfat al-ḥukkām *161
Tuḥfat al-muḥtāj 183
Tuḥfat al-mulūk 93, *94-96
Tuḥfat al-rā'id *290
Tuḥfat al-ṭullāb 164-165
al-'Ubāb *433
'Ujālat al-tanbīh 189
'Umdat al-ḥukkām 137
'Umdat al-nuẓẓār 176
'Unwān al-faḍl 204
'Unwān al-sharaf al-wāfī 191-192
Urjūzah laṭīfah 264
'Urwat al-Islām 254
Uṣūl al-Bazdawī, see: *Kanz al-wuṣūl*
Uṣūl al-fiqh lil-Lāmishī 2
Uṣūl wa-jumal 276
al-Wāfī li-Fayḍ al-Kāshī 237
al-Wāfī lil-Nasafī 109, *110
al-Wajīz lil-Ghazālī *171
al-Wajīz fī al-fatāwī 301
Wāqi'at al-muftīn 320
al-Waraqāt *26
al-Wasā'il al-muhadhdhabah 262
al-Wasīṭ *172-173
Wiqāyat al-riwāyah 83, *84-91
Zād al-musāfir, see: *al-Fatāwá al-Tātārkhānīyah*
al-Zahrah al-dhawīyah 232
Zallat al-qāri' 330-331
al-Ziyādāt 'alá al-Hidāyah 82
Zubdat al-uṣūl 46

NUMBER INDEX

Or.7772 9
Or.7794 B 169
Or.7796 163
Or.7797 182
Or.7798 37
Or.7802 115
Or.7804/3 439
Or.7809 225
Or.7810 226
Or.7811 A 256
Or.7811 B 255
Or.7812 A 213
Or.7812 B 215
Or.7813 211
Or.7821 239
Or.7823 209
Or.7824 212
Or.7825 232
Or.7827 233
Or.7829/1 285
Or.7829/2 284
Or.7829/3 289
Or.7886 7
Or.7887 160
Or.7896 177
Or.7897/1 178
Or.7897/2 266
Or.7897/3 273
Or.7902 137
Or.7990 64
Or.7992 143
Or.7994 302
Or.8001 101
Or.8002/1 291
Or.8002/2 287
Or.8042/9 408
Or.8124 216
Or.8126 185
Or.8160 162
Or.8226 34
Or.8250 244
Or.8323 237
Or.8324 240
Or.8325 33
Or.8326 38
Or.8327 159
Or.8328 248
Or.8329 227
Or.8330 5
Or.8331 252
Or.8332 205
Or.8333 207
Or.8335 220
Or.8336 219
Or.8339 117
Or.8340 217
Or.8341 223
Or.8343 236
Or.8344 214
Or.8345 193
Or.8401 32
Or.8402 243
Or.8403 222
Or.8405 228
Or.8406 79
Or.8407 221
Or.8408 224
Or.8462 238
Or.8463 145
Or.8464/1 42
Or.8464/2 40
Or.8464/3 43
Or.8465 208
Or.8466 133
Or.8467 22
Or.8468 286
Or.8469 104
Or.8470 108
Or.8515/1 294
Or.8516 23
Or.8517 165
Or.8519/1 146
Or.8520 45
Or.8521 46
Or.8524 61
Or.8525 55
Or.8526 44
Or.8527 210
Or.8528/2 276
Or.8528/1 437
Or.8529 134
Or.8530/1 41
Or.8532 241
Or.8543 235
Or.8580 116
Or.8581 147
Or.8694/1 445
Or.8694/2 446
Or.8705 161
Or.8859 197
Or.8866 473
Or.8888 66
Or.8889 72
Or.8890 106
Or.8910/2 73
Or.8936 253
Or.8937 69
Or.8938 167
Or.8939/1 154
Or.8939/2 156
Or.8940 21
Or.8941 201
Or.8942 168
Or.8943 158
Or.8945 77
Or.8946 49
Or.8947 141
Or.8948 126
Or.8949 62
Or.8950 94
Or.8951 173
Or.8953 435
Or.8954 14
Or.8955 250
Or.8956 322
Or.8957 292
Or.8958 410
Or.8994 166
Or.8996/1 335
Or.9021 480
Or.9044 465
Or.9065 86
Or.9066 181
Or.9067 99
Or.9068 52
Or.9069 189
Or.9070 114
Or.9072 290
Or.9125 170
Or.9129 120
Or.9130 30
Or.9143 326
Or.9144 296
Or.9189 194
Or.9220 54
Or.9221 449
Or.9233 84
Or.9262/1 451
Or.9262/4 452
Or.9262/5 453
Or.9262/6 454
Or.9262/7 455
Or.9262/8 45
Or.9262/9 288
Or.9262/12 457
Or.9264 463
Or.9285/2 355
Or.9286/3 404
Or.9286/4 402
Or.9287/1 75
Or.9288/1 74
Or.9288/2 56
Or.9295 304
Or.9296 67
Or.9297 58
Or.9298 60
Or.9299 78
Or.9300 119
Or.9301 306
Or.9301* 307

Or.9302 109
Or.9303 174
Or.9304 334
Or.9395 187
Or.9396 199
Or.9397 51
Or.9398 200
Or.9399 249
Or.9401 184
Or.9402 110
Or.9403 179
Or.9420 196
Or.9444 333
Or.9509/1 458
Or.9509/2 459
Or.9509/3 460
Or.9509/4 461
Or.9546 466
Or.9561 301
Or.9563/1 309
Or.9563/2 409
Or.9564/1 6
Or.9564/3 20
Or.9574/4 343
Or.9574/5 344
Or.9574/6 345
Or.9574/8 346
Or.9574/10 268
Or.9574/12 347
Or.9574/13 348
Or.9574/13 A 354
Or.9574/20 349
Or.9581/1 183
Or.9581/3 31
Or.9582 97
Or.9583/1 450
Or.9583/2 324
Or.9583/3 186
Or.9584/4 242
Or.9588 448
Or.9589/1 176
Or.9589/2 471
Or.9589/6 26
Or.9644 155
Or.9702 57
Or.9721 27
Or.9762 118
Or.9764 462
Or.9767/1 467
Or.9767/2 468
Or.9767/3 469
Or.9768/9 19
Or.9768/10 424
Or.9768/11 425
Or.9768/12 426
Or.9768/13 427
Or.9768/14 428
Or.9768/15 429
Or.9768/16 430
Or.9768/17 431
Or.9768/18 432
Or.9800 82
Or.9810 A 148
Or.9810 B 149
Or.9810 C 150
Or.9810 D 151
Or.9810 E 152
Or.9824 180
Or.9841 50
Or.9845 153
Or.9854 229
Or.9856 68
Or.10949/1 423
Or.10949/2 266
Or.10949/6 8
Or.10962 206
Or.10963 39
Or.10966 257
Or.10973 24
Or.11006 254
Or.11019 245
Or.11020 144
Or.11021 139
Or.11025 121
Or.11026 47
Or.11027 234
Or.11028 231
Or.11078/1 63
Or.11078/2 297
Or.11078/3 329
Or.11100 300
Or.11101 125
Or.11102 313
Or.11103 70
Or.11104 136
Or.11105/1 305
Or.11105/2 319
Or.11105/3 315
Or.11105/4 321
Or.11105/5 339
Or.11105/6 422
Or.11105/7 342
Or.11105/8 310
Or.11106 318
Or.11107 316
Or.11180 247
Or.11183/1 251
Or.11183/2 332
Or.11206 28
Or.11208 35
Or.11299 192
Or.11319 172
Or.11338/2 398
Or.11338/3 359
Or.11338/4 360
Or.11338/5 358
Or.11338/6 361
Or.11338/7 362
Or.11338/8 363
Or.11338/9 364
Or.11338/10 365
Or.11338/11 366
Or.11338/13 367
Or.11338/14 368
Or.11338/15 369
Or.11338/16 269
Or.11338/17 370
Or.11338/18 371
Or.11338/19 372
Or.11338/20 373
Or.11338/21 374
Or.11338/22 375
Or.11338/23 376
Or.11338/24 377
Or.11338/25 378
Or.11338/26 379
Or.11338/27 380
Or.11338/28 381
Or.11338/29 382
Or.11338/30 383
Or.11338/31 384
Or.11338/32 385
Or.11338/33 386
Or.11338/34 387
Or.11338/35 388
Or.11338/37 389
Or.11338/38 390
Or.11338/39 391
Or.11338/40 392
Or.11338/41 393
Or.11338/42 394
Or.11338/43 395
Or.11338/44 396
Or.11338/45 397
Or.11338/46 470
Or.11338/48 350
Or.11338/49 340
Or.11338/50 417
Or.11338/51 418
Or.11338/52 411
Or.11338/53 413
Or.11338/54 407
Or.11338/55 267
Or.11338/56 275
Or.11338/57 338
Or.11338/59 406
Or.11338/61 271
Or.11338/64 283
Or.11338/66 264
Or.11338/67 262
Or.11581/2 464
Or.11632 198

Or.11635 138
Or.11670 203
Or.11671 202
Or.11853 36
Or.11859 98
Or.11999 25
Or.12011 A/2 479
Or.12011 B 3
Or.12046 190
Or.12097 175
Or.12203 53
Or.12213 13
Or.12217 29
Or.12249 4
Or.12406 16
Or.12408 265
Or.12420 71
Or.12421 88
Or.12521 48
Or.12536/1 142
Or.12565/1 282
Or.12565/2 281
Or.12565/3 279
Or.12565/4 277
Or.12565/5 280
Or.12565/6 278
Or.12583 191
Or.12618 230
Or.12657/7 331
Or.12673/1 93
Or.12673/2 76
Or.12695/1 320
Or.12695/2 353
Or.12696 298
Or.12738 90
Or.12761 105
Or.12766 270
Or.12770 17
Or.12771/1 261
Or.12771/2 258
Or.12775/10 401
Or.12775/12 403
Or.12775/13 472
Or.12775/22 135
Or.12775/23 447
Or.12775/27 415
Or.12775/28 416
Or.12775/29 337
Or.12775/30 399
Or.12775/31 420
Or.12776/4 274
Or.12777/11 419
Or.12777/12 18
Or.12777/17 400
Or.12777/18 330
Or.12780 89
Or.12784/7 128
Or.12784/12 341
Or.12786 129
Or.12789 11
Or.12793/1 204
Or.12793/5 481
Or.12798 103
Or.12799 80
Or.12841 102
Or.12842 438
Or.12933/2 414
Or.12950/7 480
Or.12951 87
Or.13010/1 327
Or.13010/2 357
Or.13010/3 328
Or.13012 1
Or.13018 2
Or.13047 15
Or.13048 10
Or.13058 140
Or.13081 65
Or.13199 123
Or.13232/2 443
Or.13237 323
Or.13302 127
Or.13305 85
Or.13332 164
Or.13364 157
Or.13391 12
Or.13395/3 405
Or.13397 260
Or.13398/1 272
Or.13399 107
Or.13400 95
Or.13401 96
Or.13403 317
Or.13407/16 421
Or.13407/18 A 433
Or.13407/18 B 434
Or.13407/19 C 352
Or.13421/4 474
Or.13421/10 475
Or.13421/19 476
Or.13421/20 477
Or.13421/38 478
Or.13421/44 293
Or.13425/4 412
Or.13425/9 356
Or.13427/8 436
Or.13428 132
Or.13434 303
Or.13438 122
Or.13439/4 351
Or.13442 312
Or.13444 130
Or.13446 131
Or.13450 83
Or.13528 299
Or.13810 112
Or.13890 325
Or.14131 314
Or.14156 218
Or.14247 124
Or.14259 113
Or.14277 308
Or.14332 171
Or.14334 188
Or.14335 246
Or.14369 195
Or.14452 259
Or.14459 440
Or.14469 111
Or.14471 295
Or.14493 91
Or.14496 59
Or.14500 92
Or.14502 311
Or.14508 100
Or.14519 81
Or.14543/2 441
Or.14543/3 442
Or.14546 444